LIBRO PARA COLOREAR

MANDALAS
para la meditación

LIBRO PARA COLOREAR

MANDALAS
para la meditación

Fascinantes imágenes para borrar tus preocupaciones

Arte-terapia antiestrés

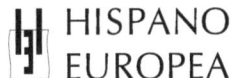

HISPANO
EUROPEA

Título de la edición original:
Meditation Colouring Book

Publicado por primera vez en lengua inglesa por:
Arcturus Publishing Limited
26/27 Bickels Yard, 151–153 Bermondsey Street,
London SE1 3HA

© Arcturus Holdings Limited

© de la edición en castellano, 2018:
Editorial Hispano Europea, S. A.
Primer de Maig, 21 - Pol. Ind. Gran Via Sud
08908 L'Hospitalet (Barcelona), España
E-mail: hispanoeuropea@hispanoeuropea.com

© de la traducción: Esther Gil

Depósito Legal: B. 4986-2016

ISBN: 978-84-255-2127-0

Consulte nuestra web:

www.hispanoeuropea.com

Impreso en España

Introducción

Colorear es una buena técnica para relajarte y meditar que te ayudará a entrar en un estado de mayor libertad y bienestar. Este precioso libro contiene un gran número de mandalas y demás imágenes abstractas para liberar tu mente y despertar tus sentidos. Está diseñado para aportarte paz y propiciar un estado de meditación.

Los mandalas son «círculos sagrados», formas geométricas sin un inicio ni un fin. Se hacen eco del equilibrio y la simetría del mundo que nos rodea, desde el núcleo de la célula hasta la estructura de un copo de nieve, y simbolizan la armonía, totalidad y curación.

Al colorear estos dibujos liberarás a tu mente y cuerpo del estrés. Además, crearás preciosas obras de arte. Así que aparta tus preocupaciones, toma los lápices de colores, ceras o rotuladores y deja que el zen sea tu guía…

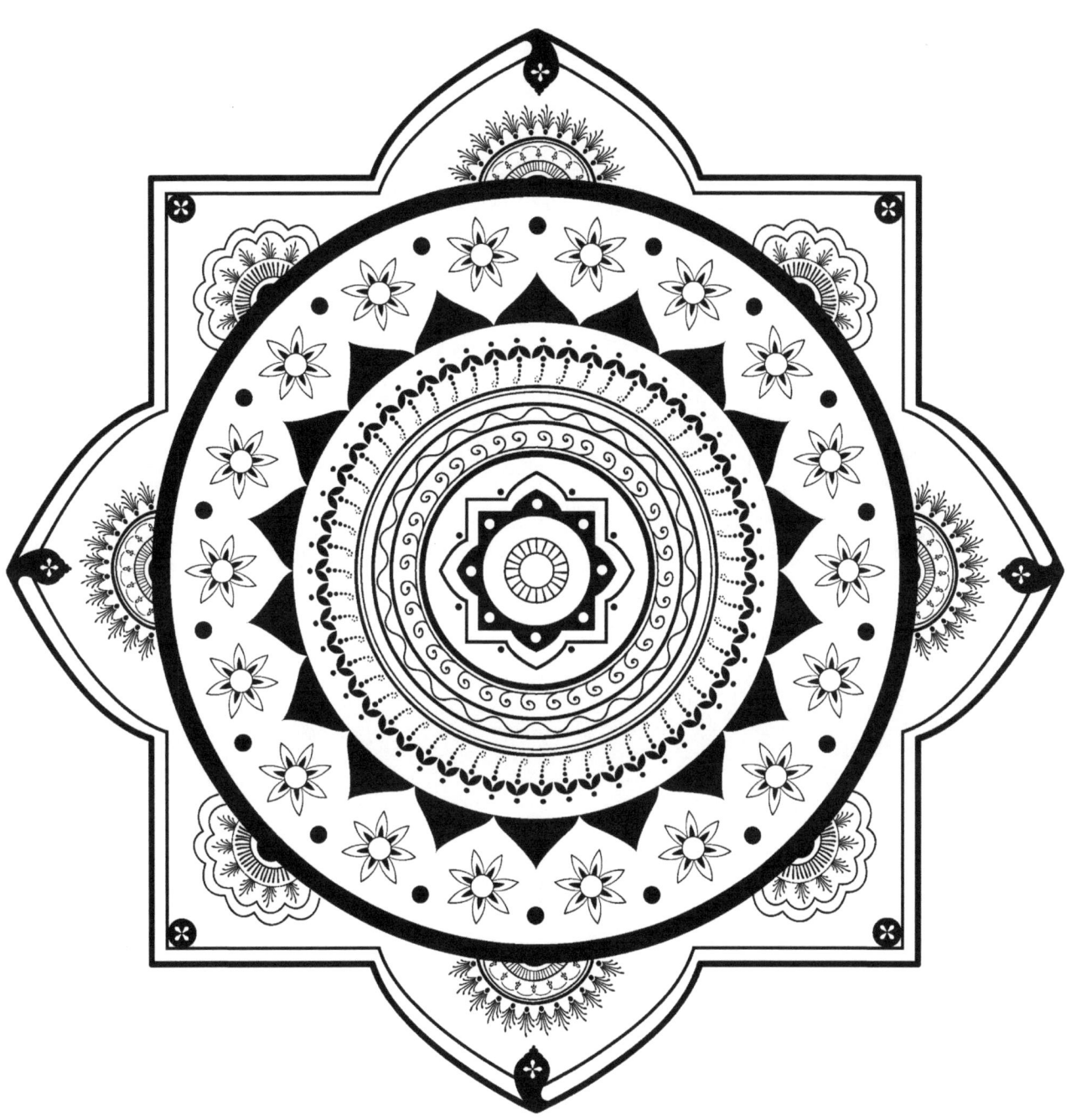

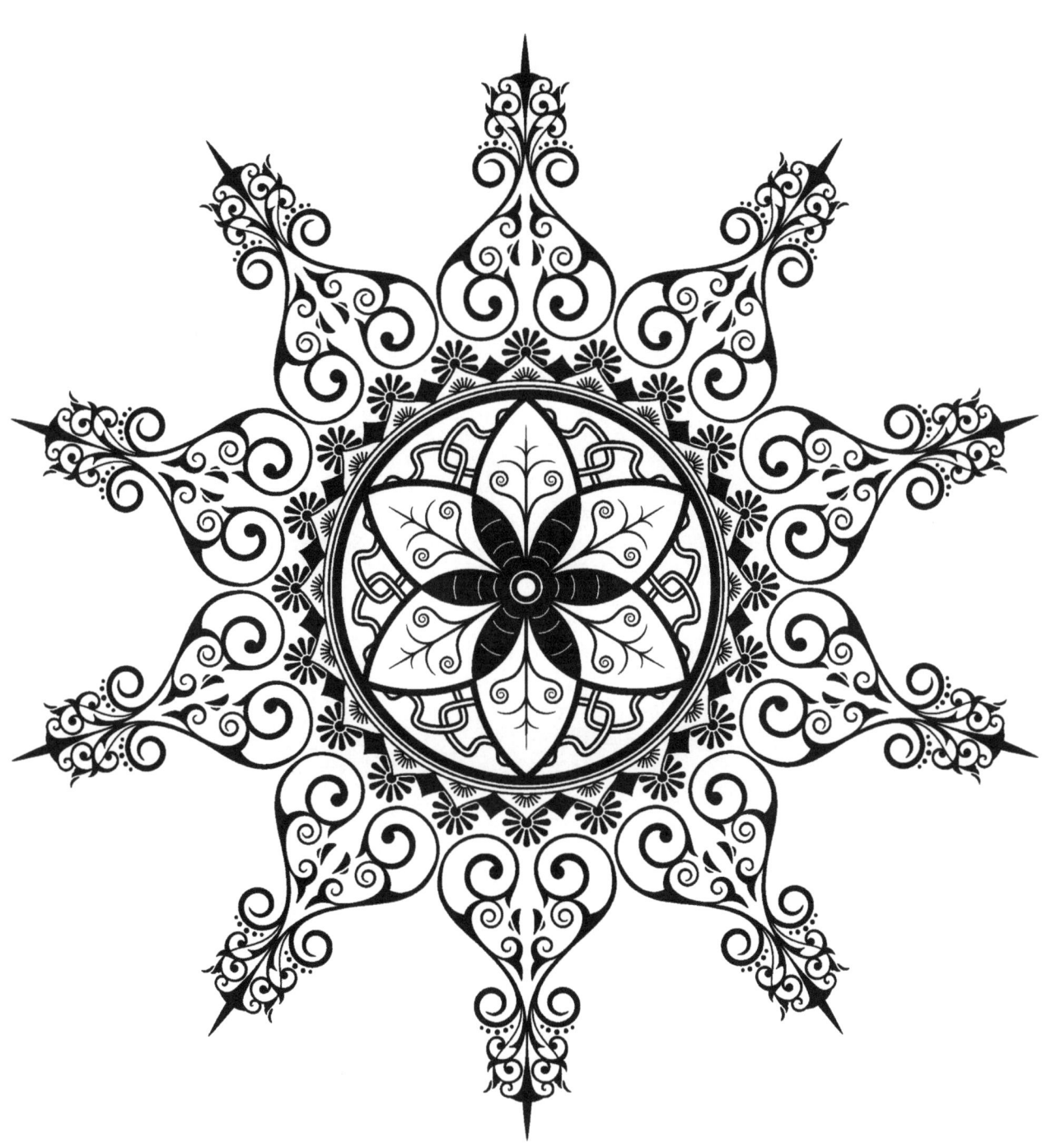

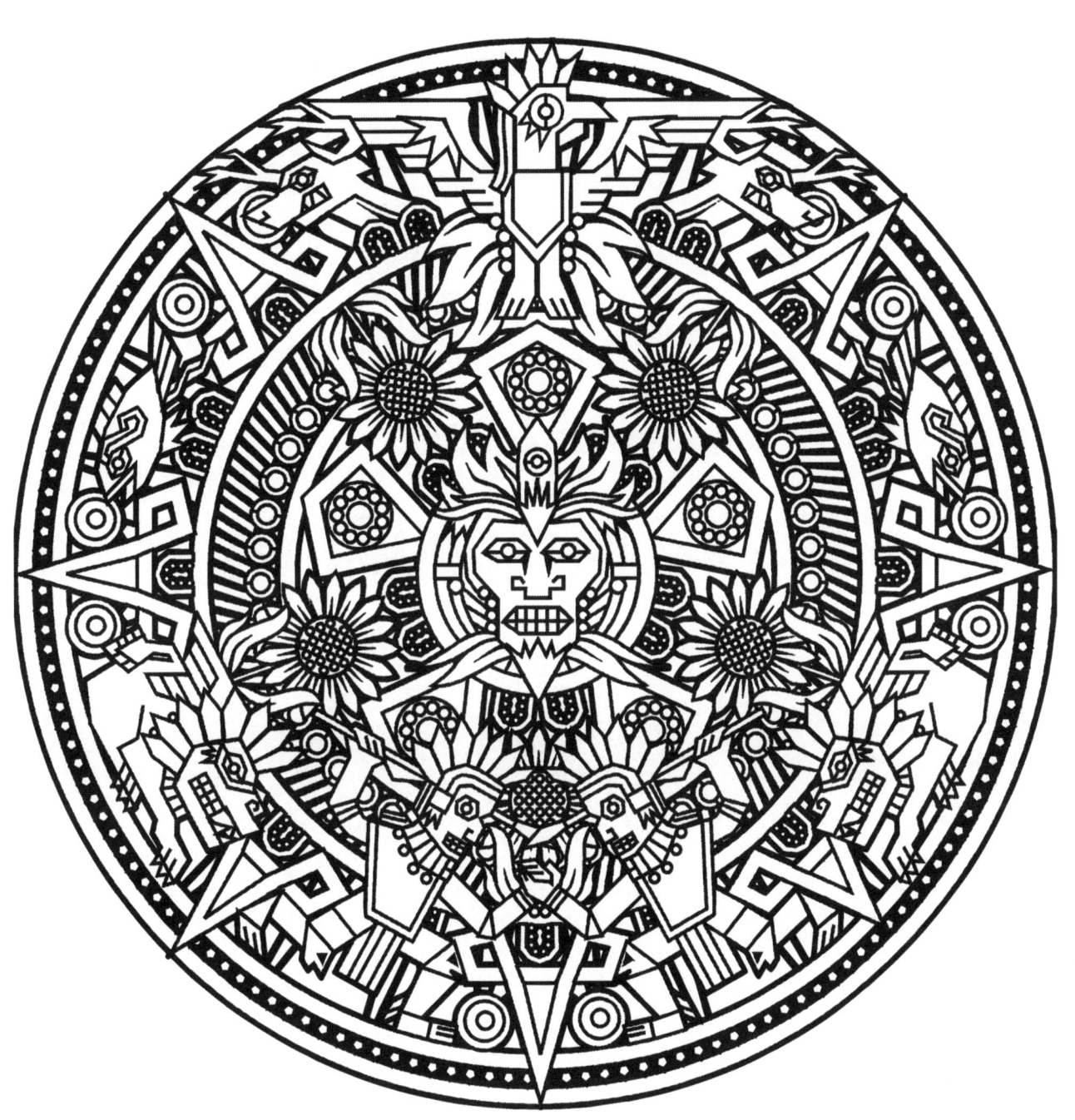

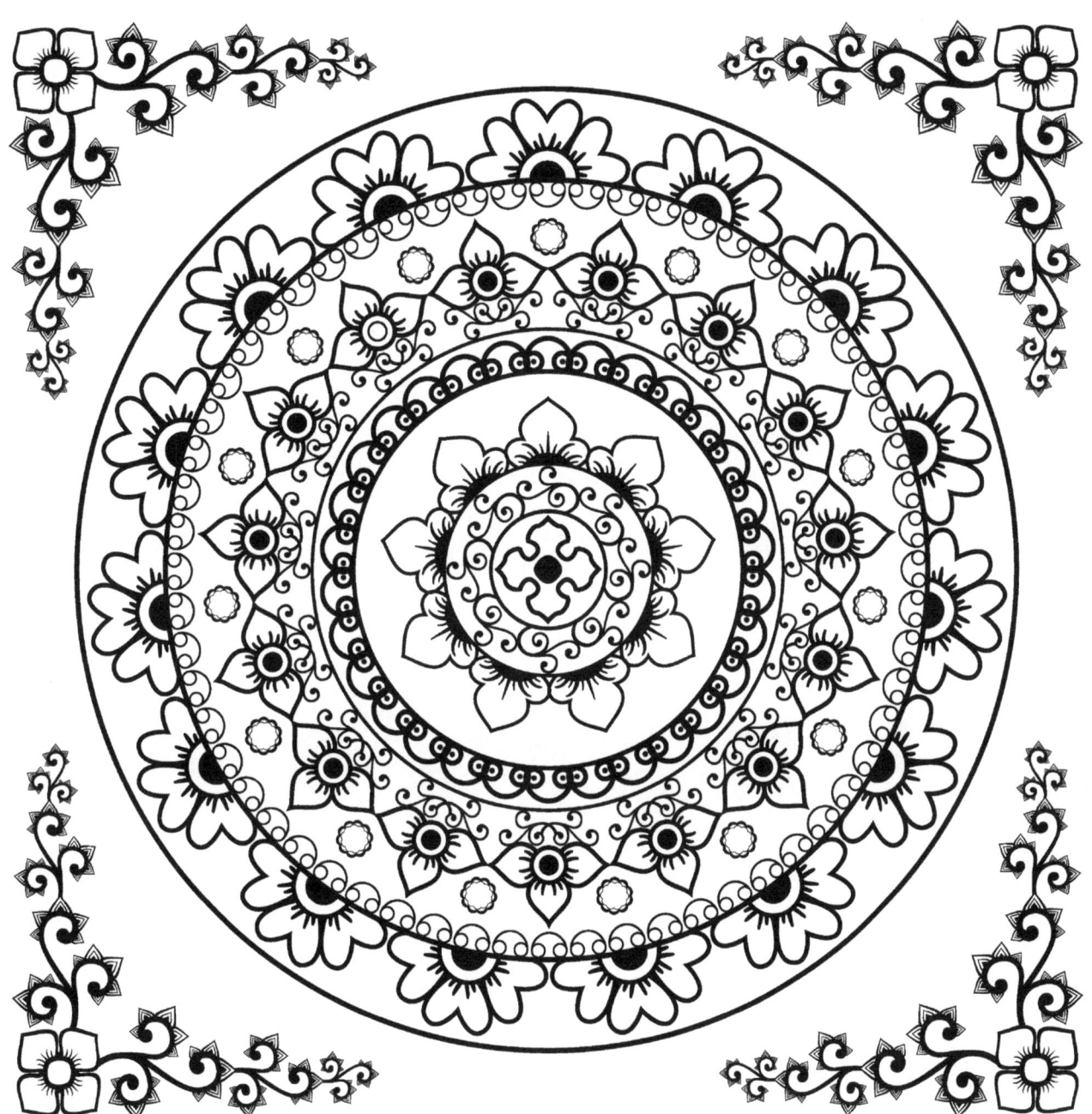

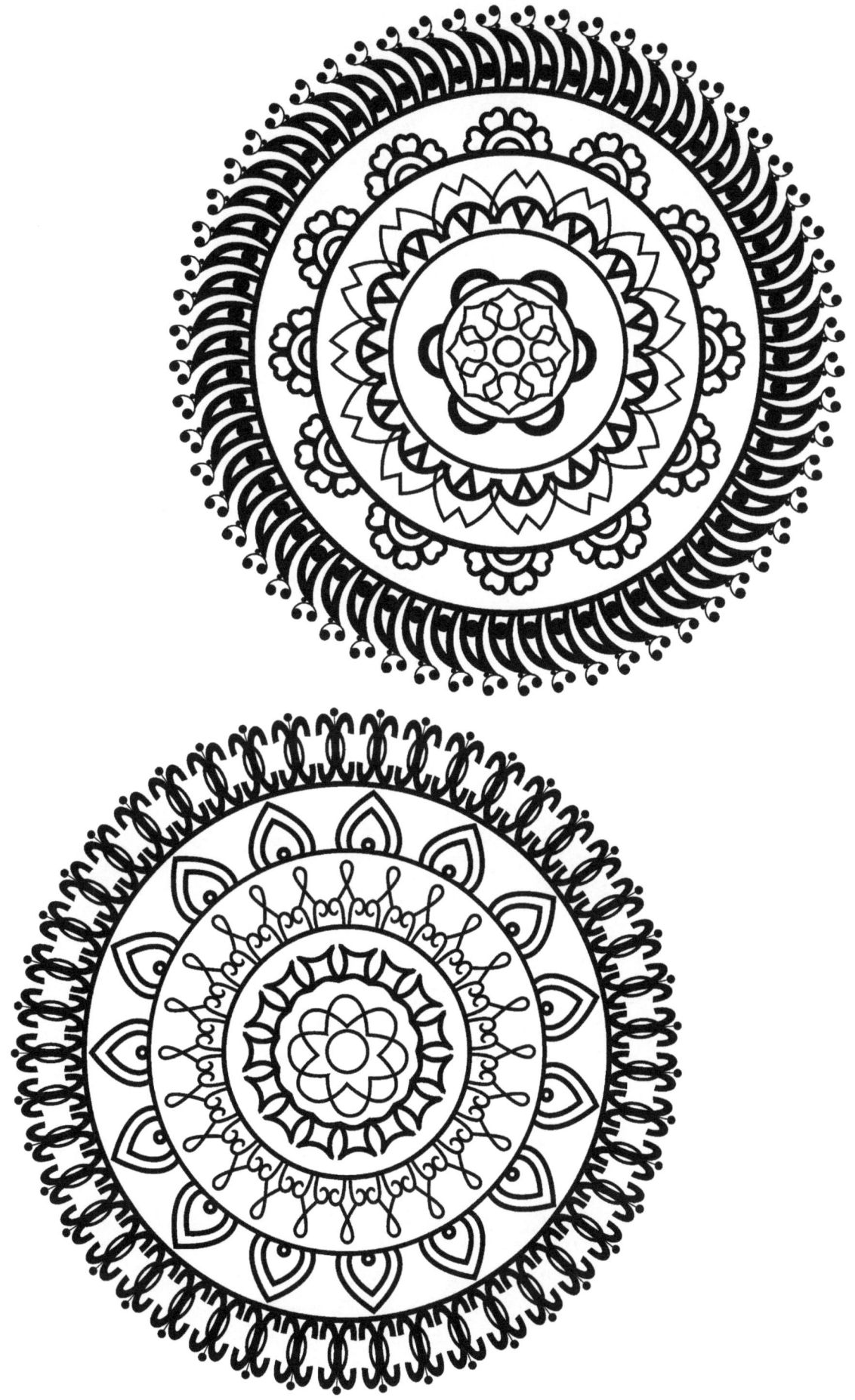

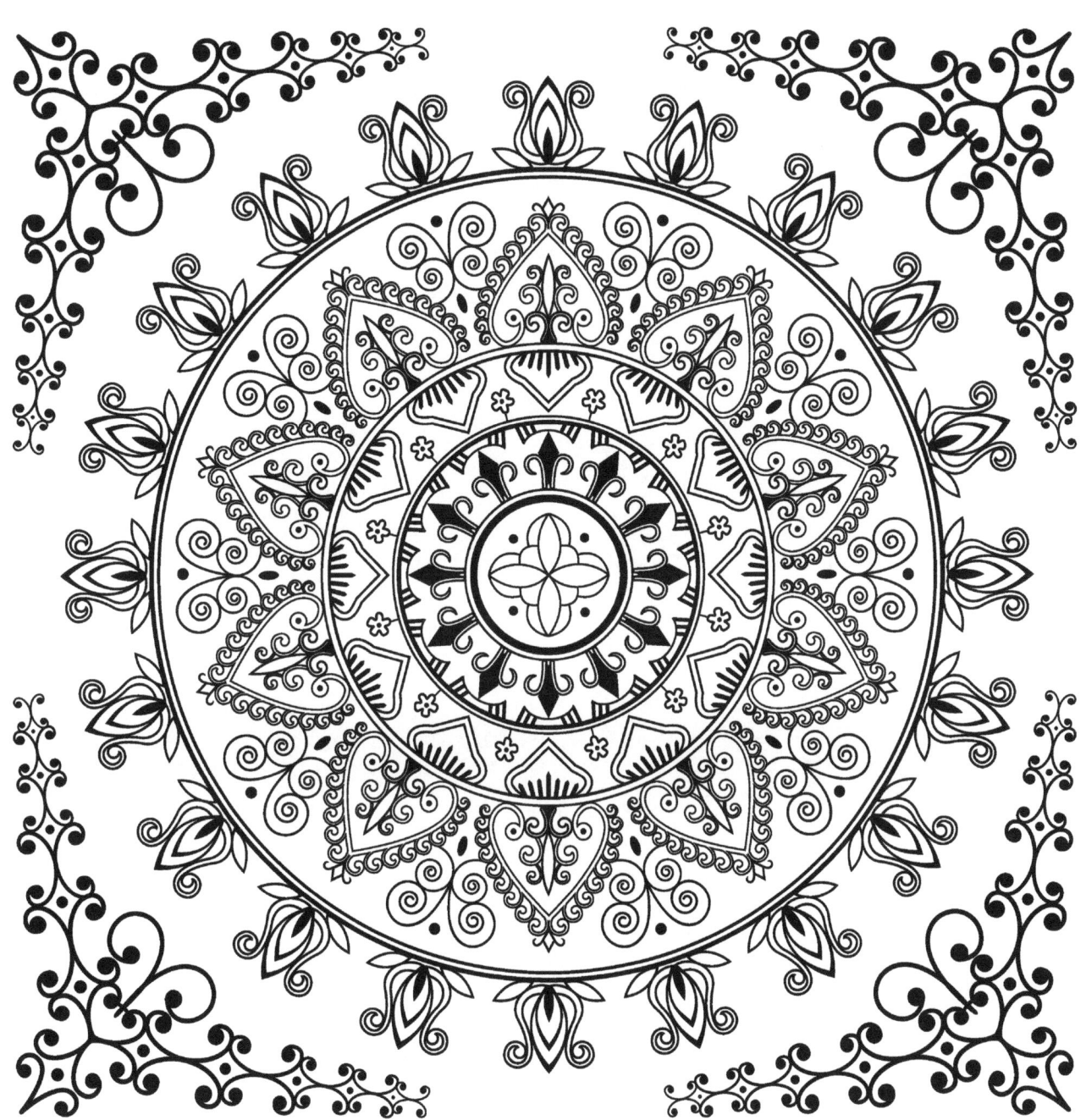

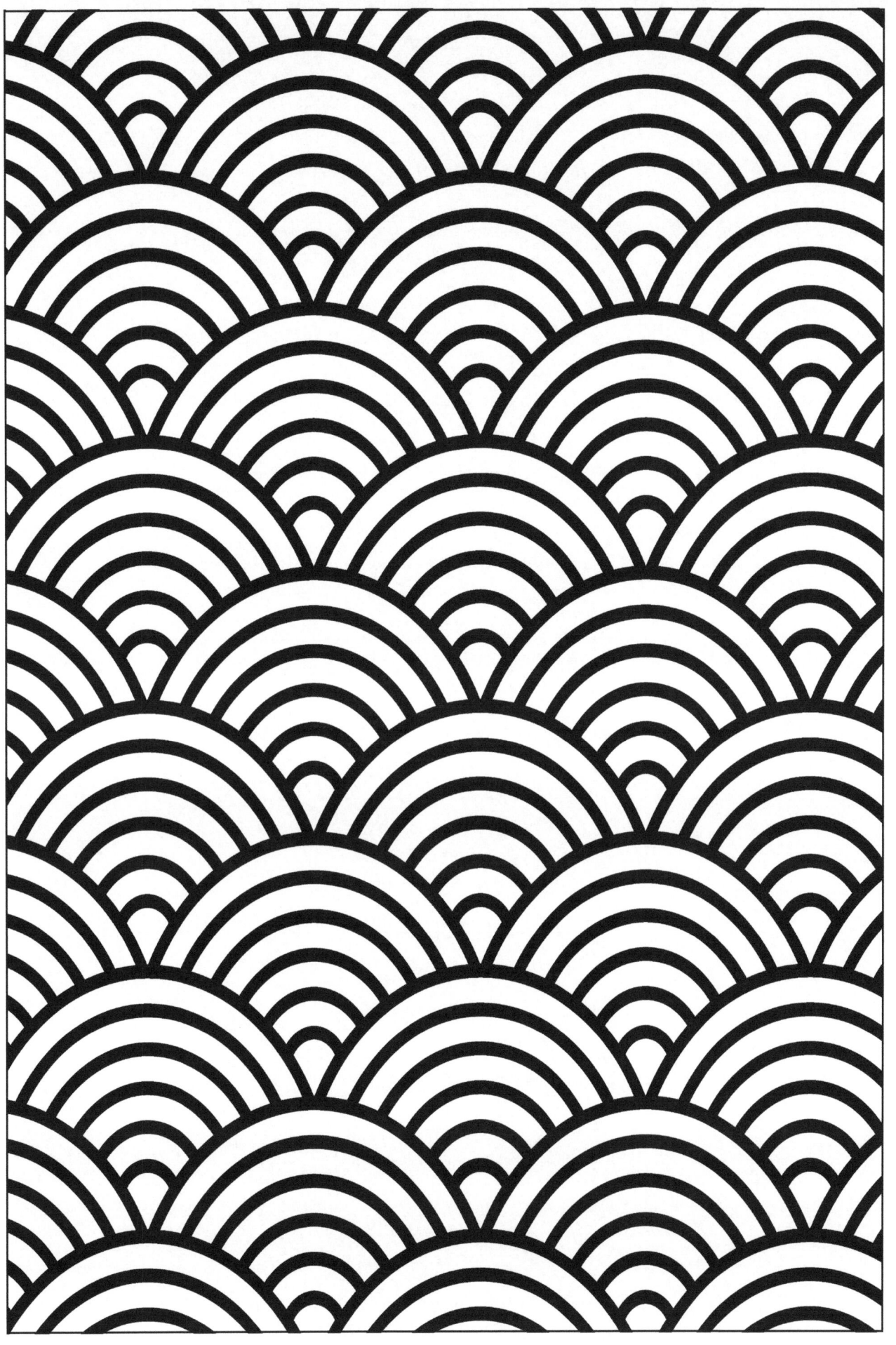

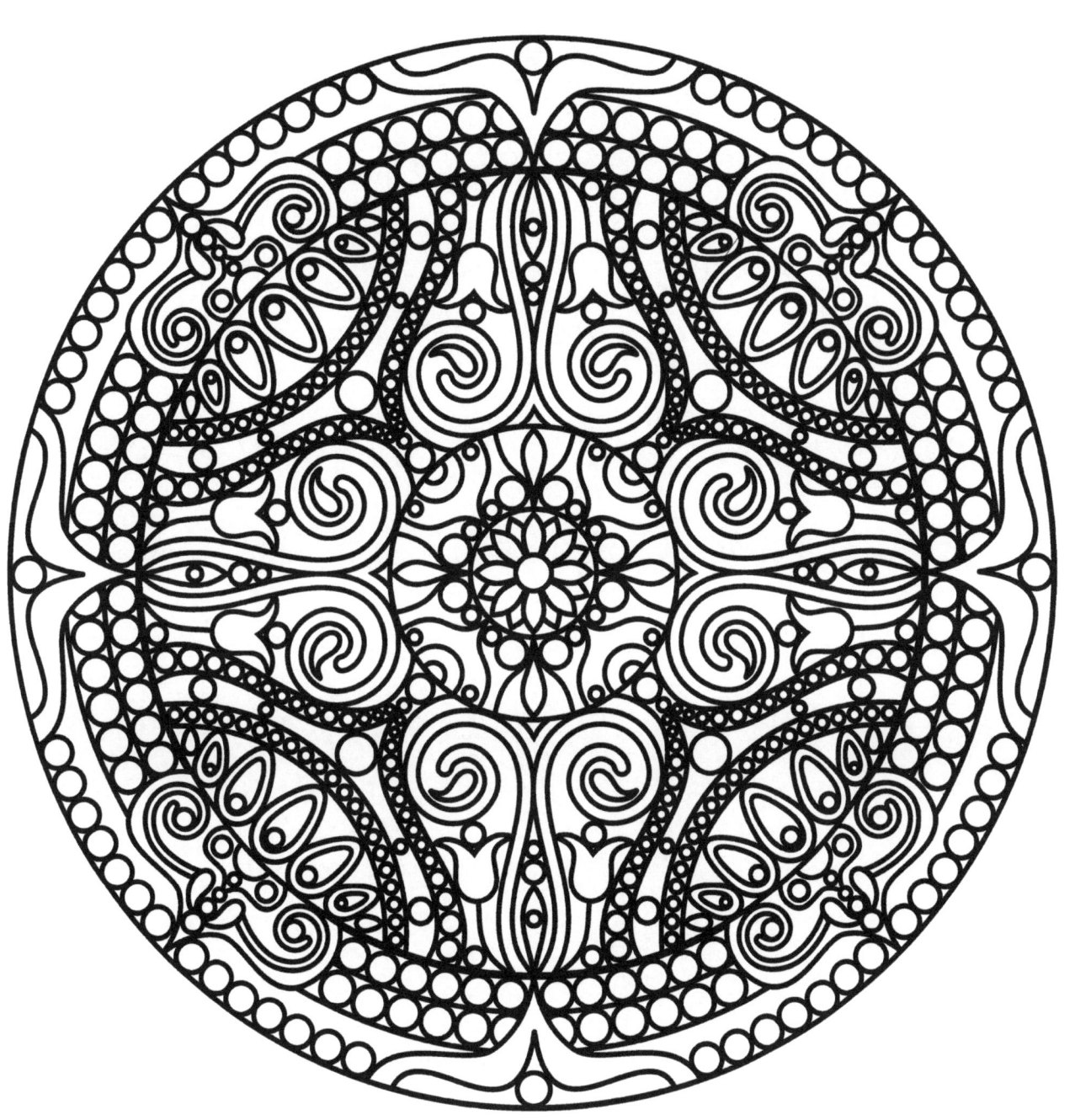

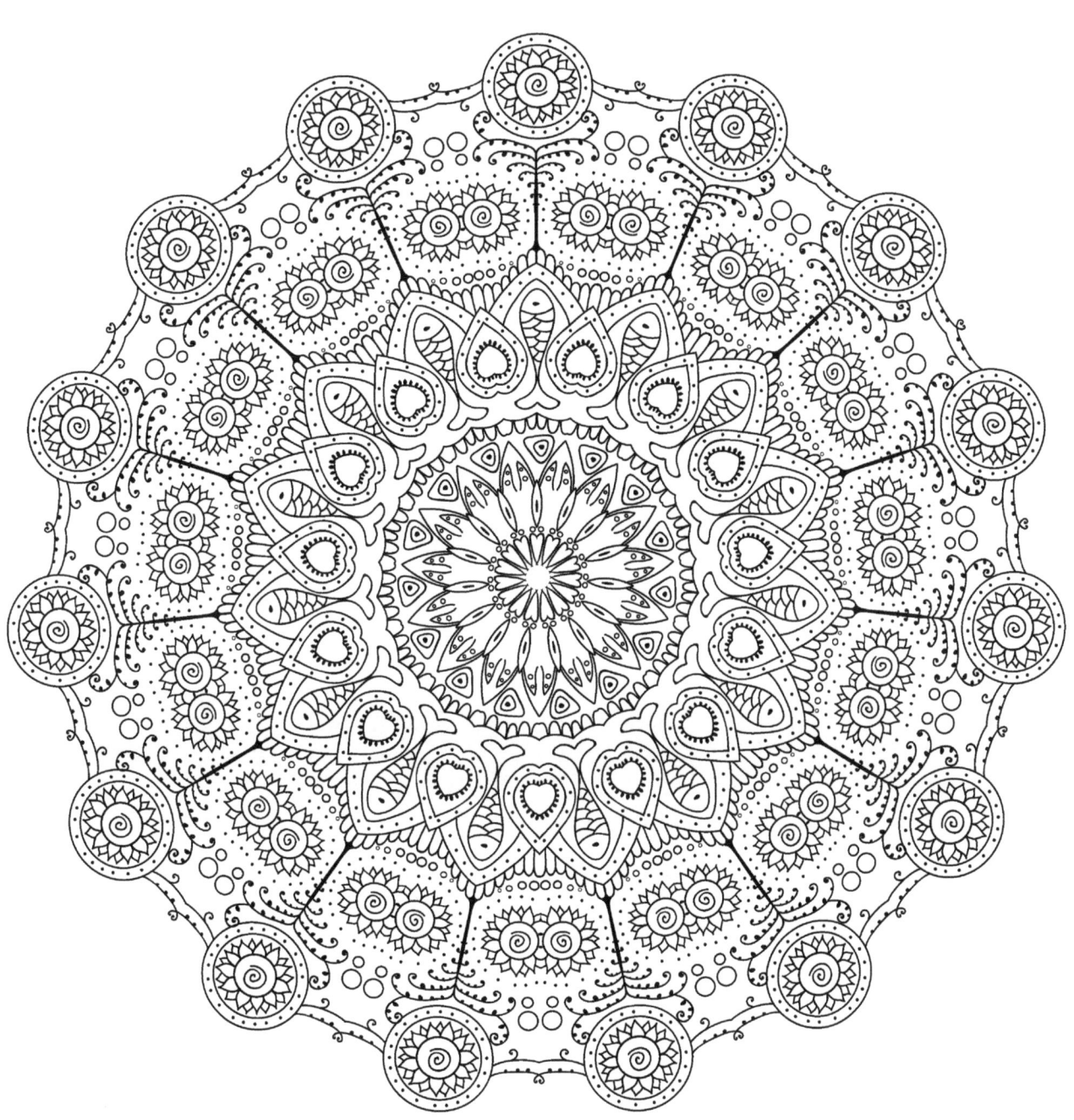

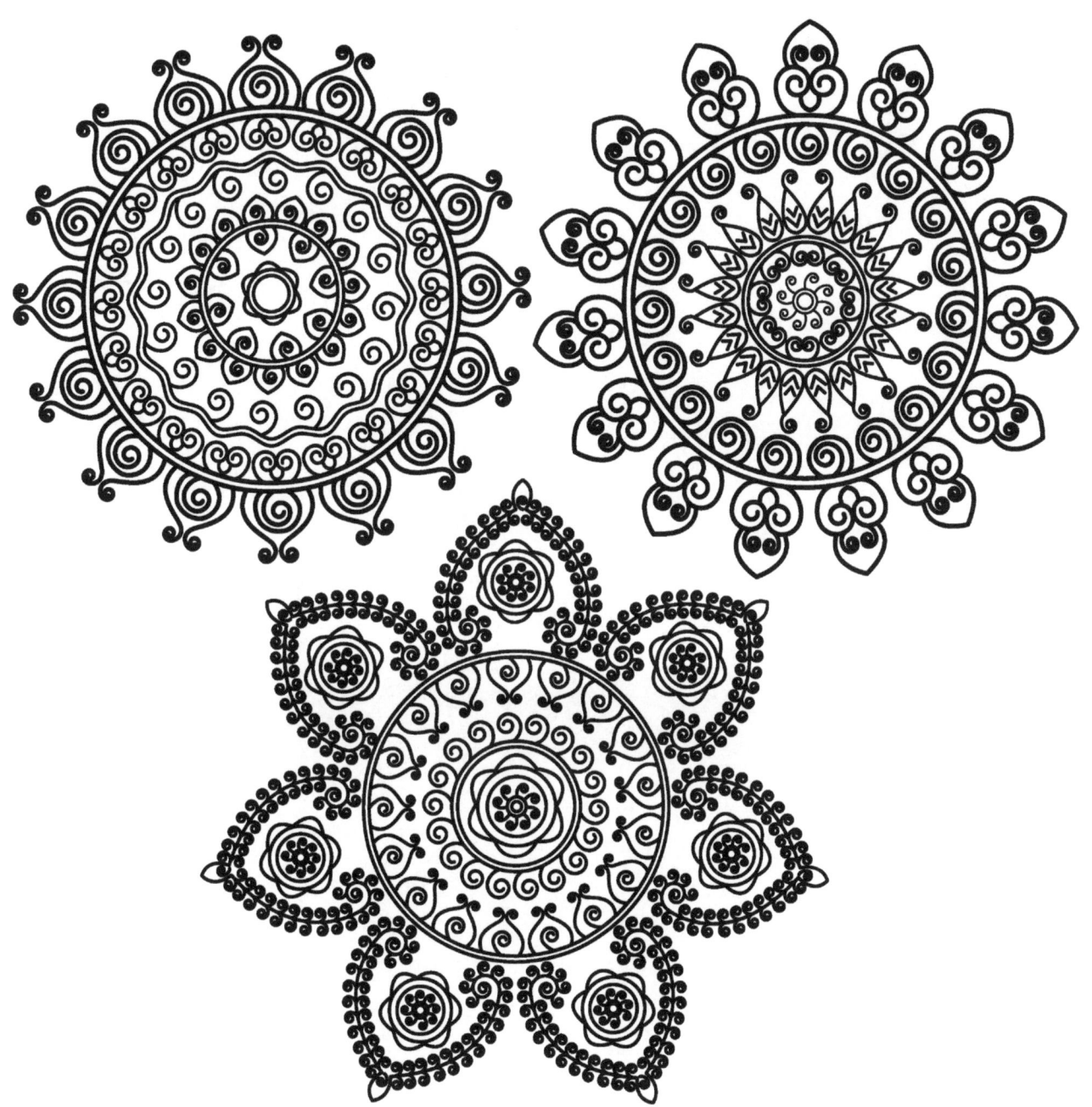

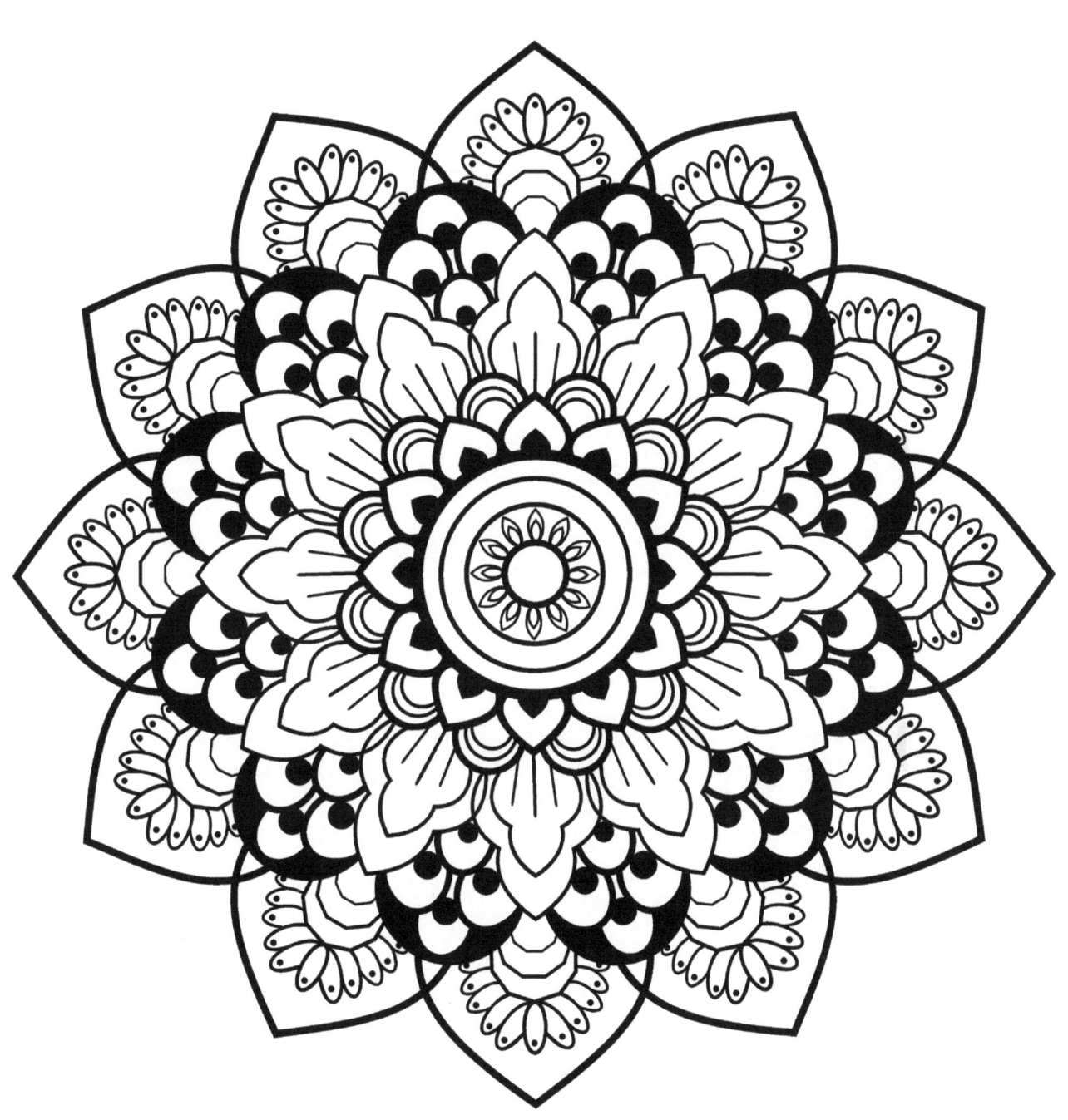

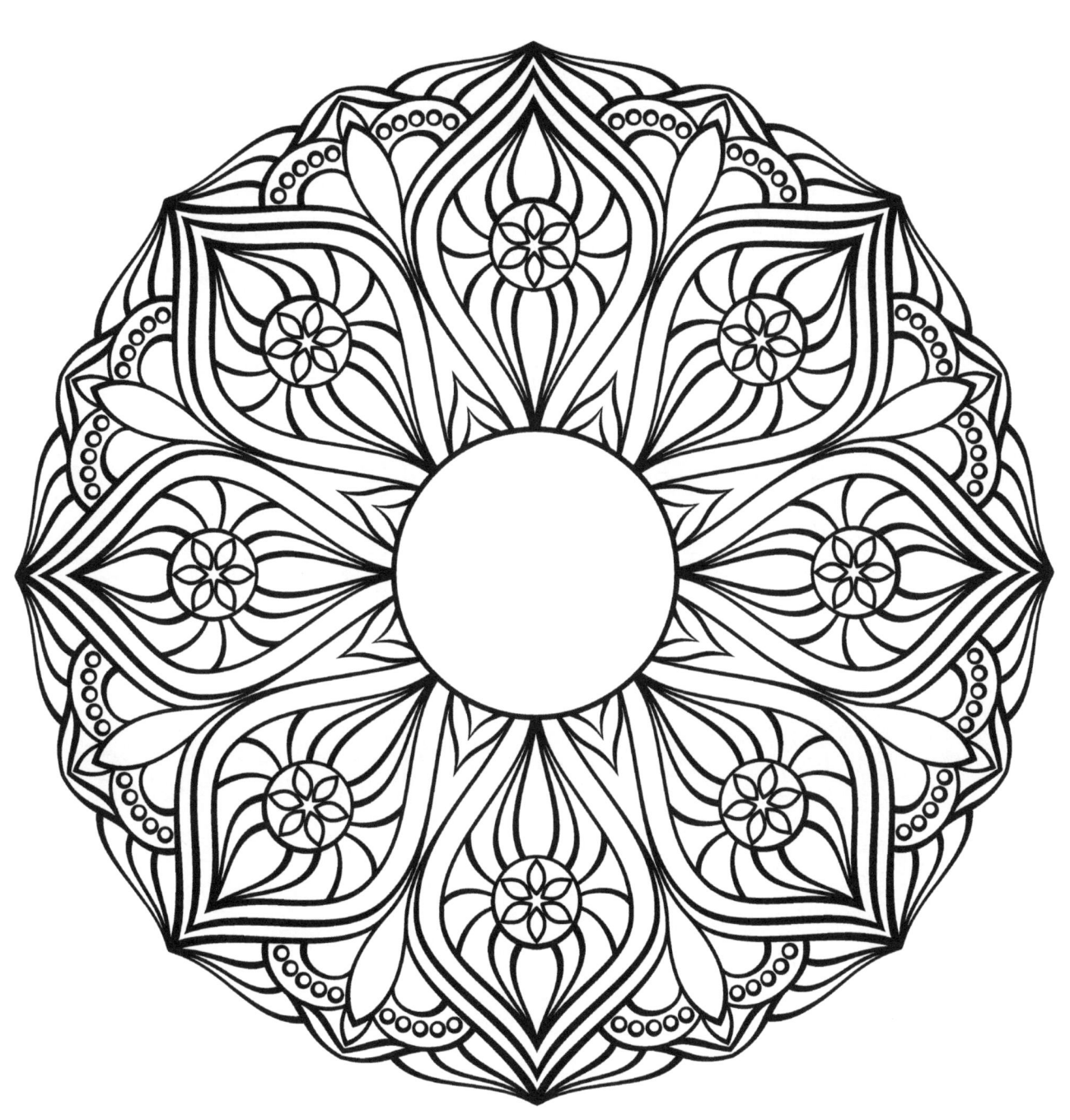

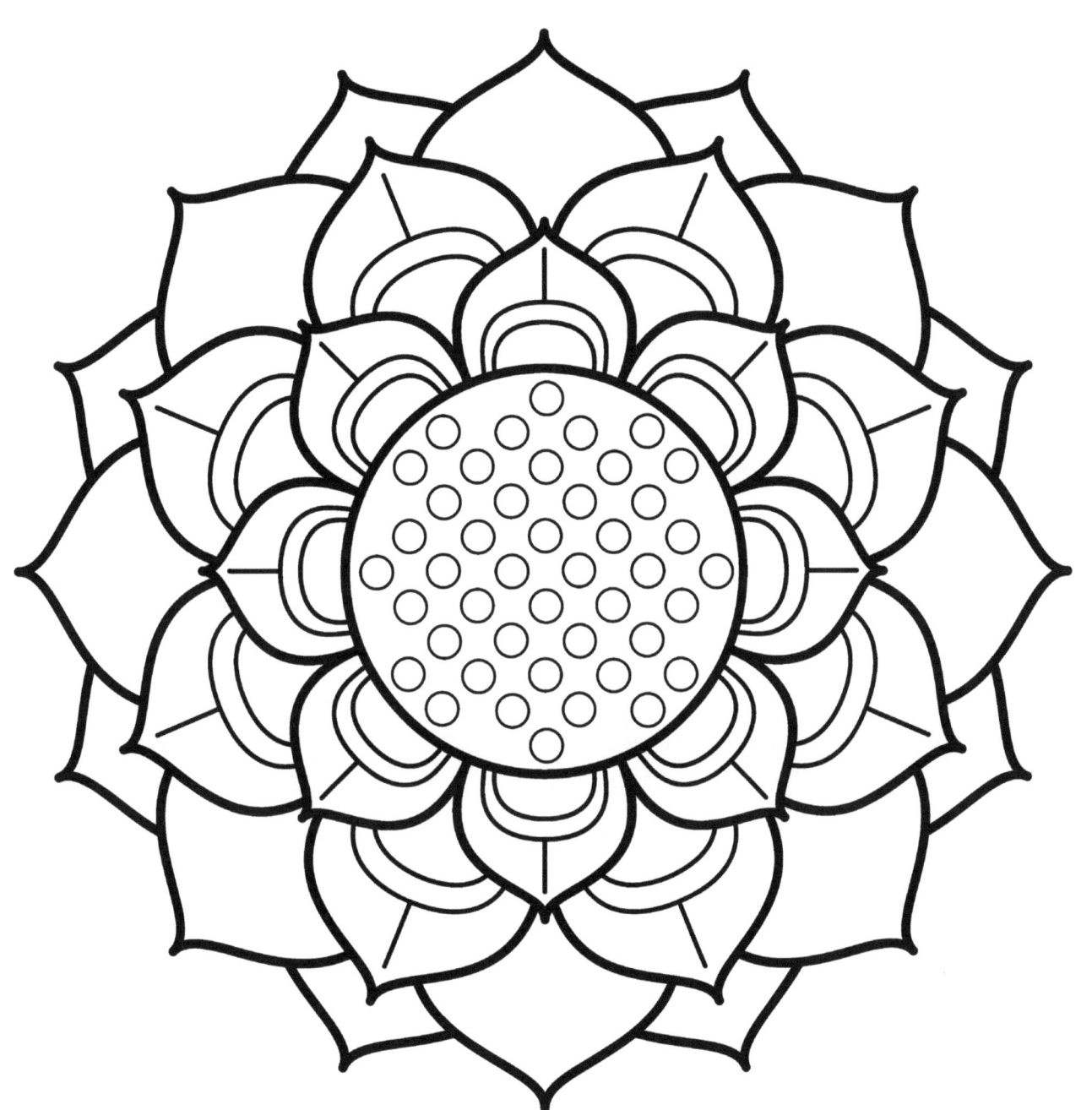

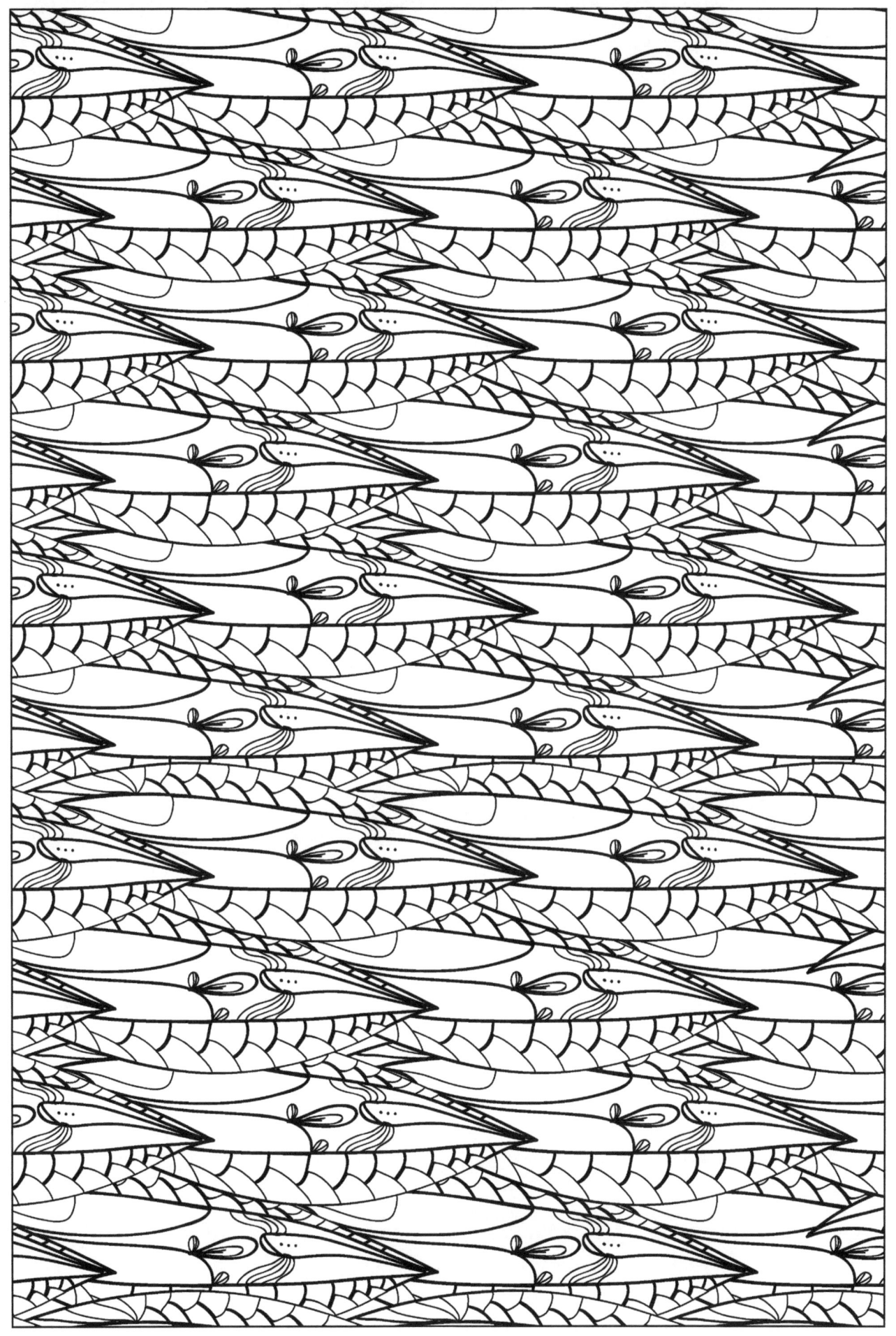

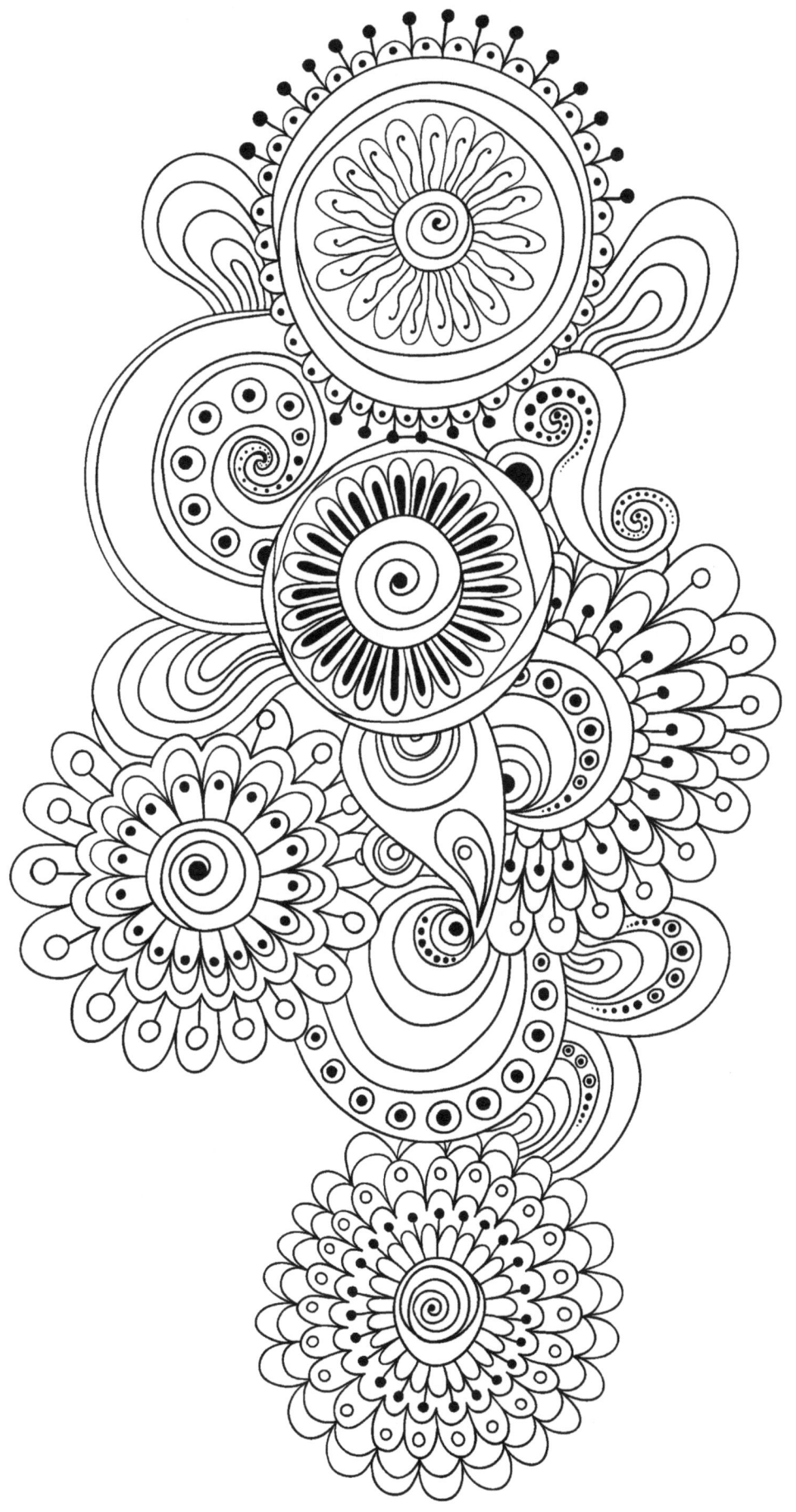

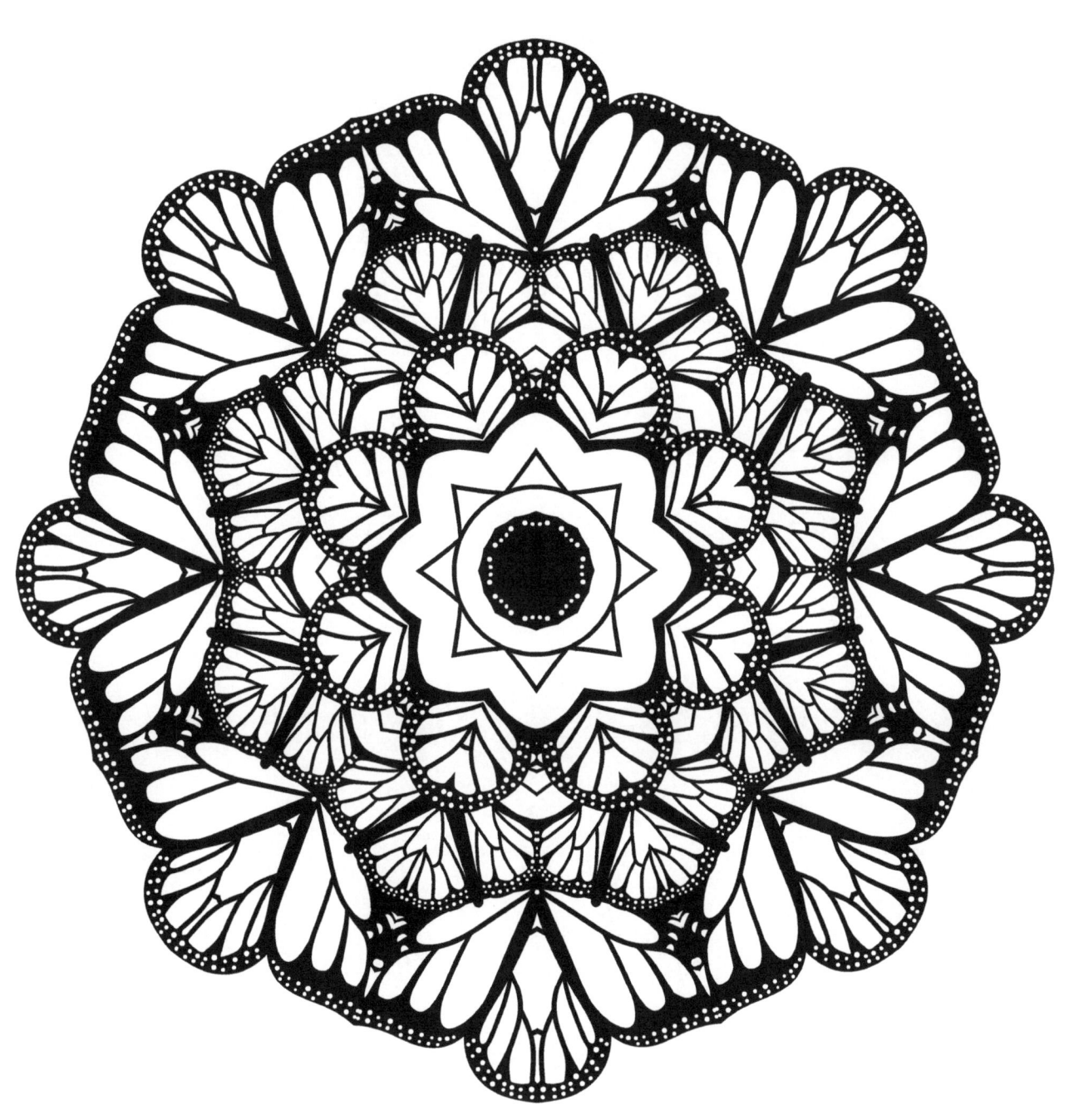

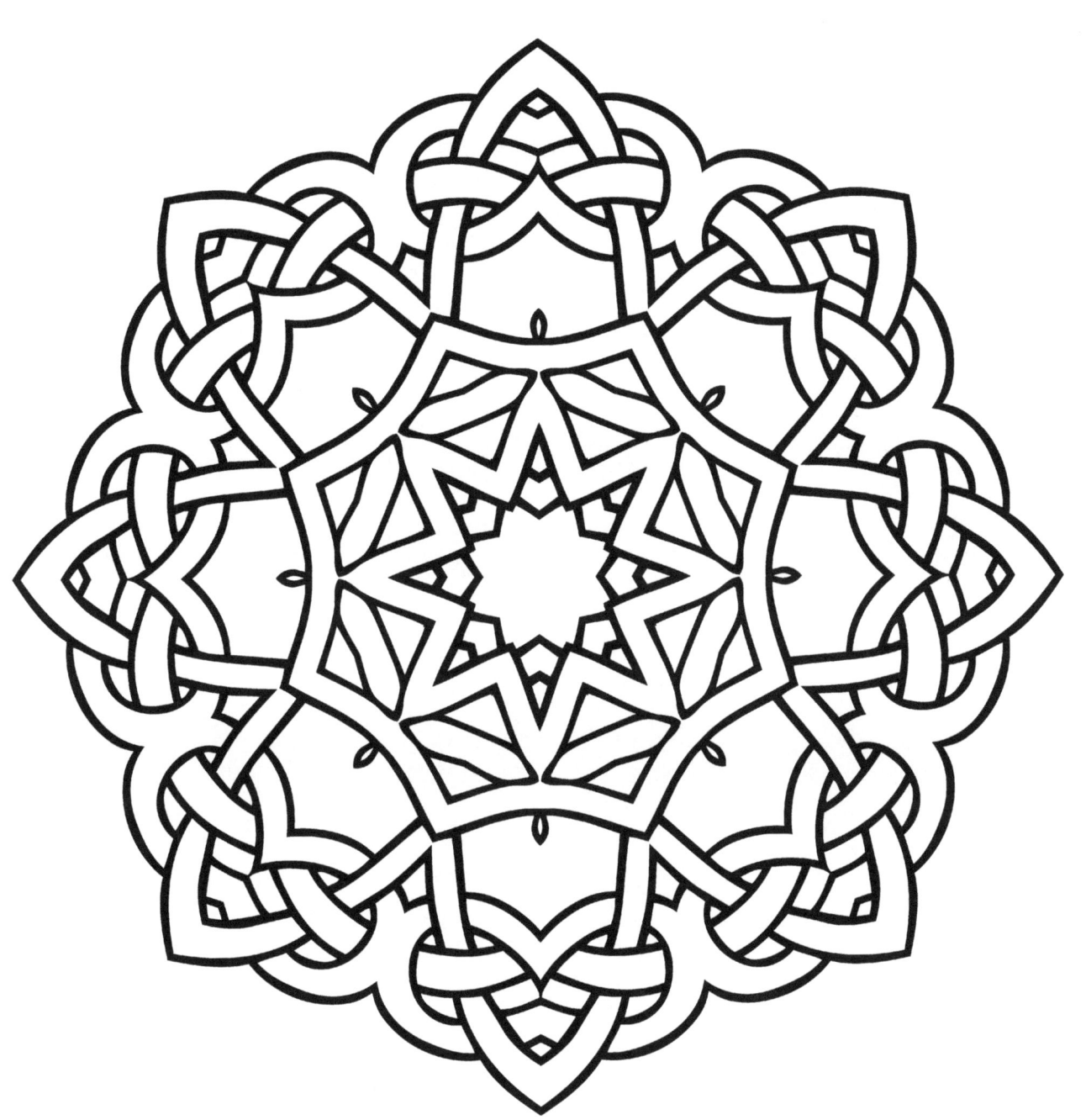

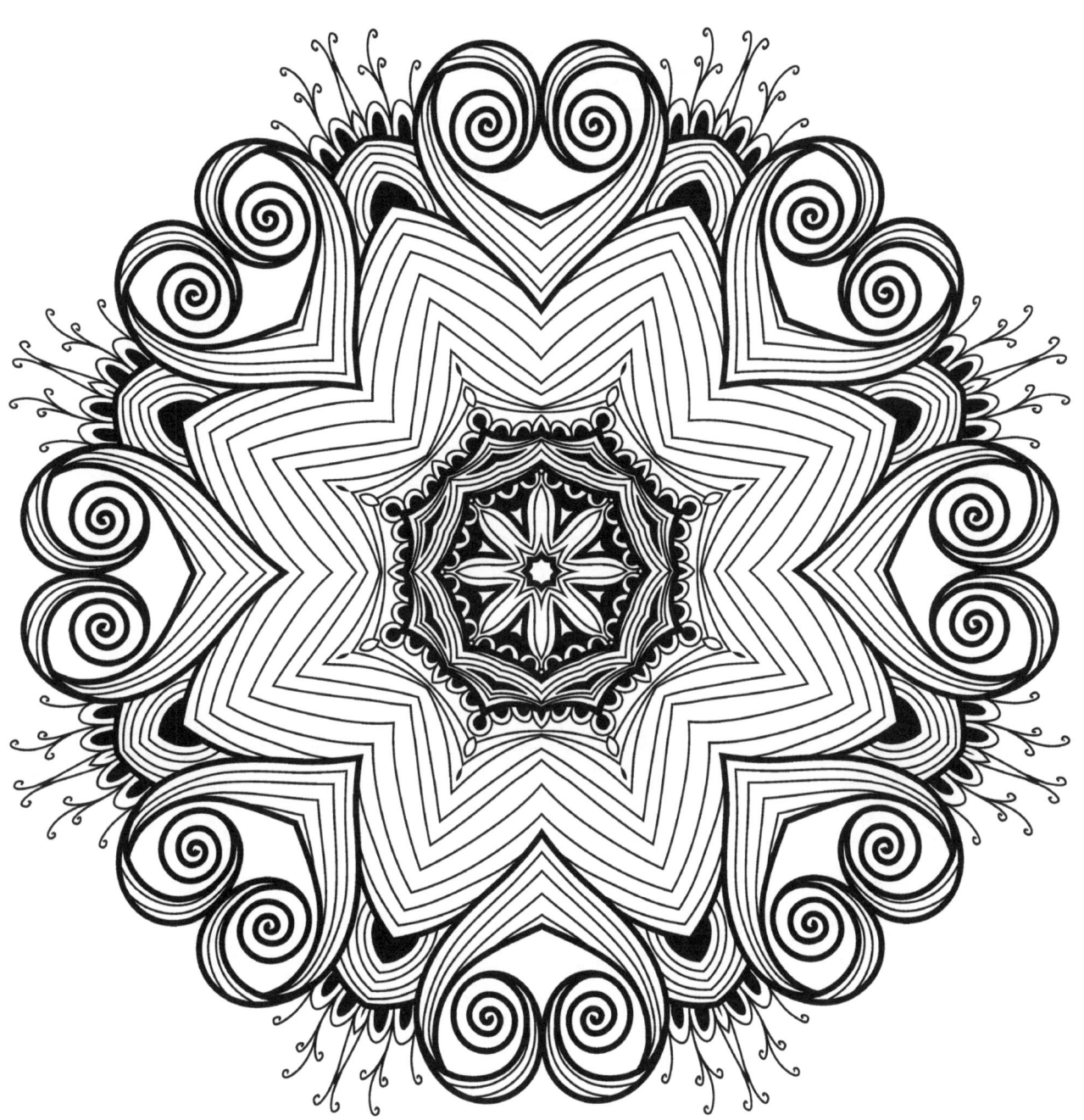

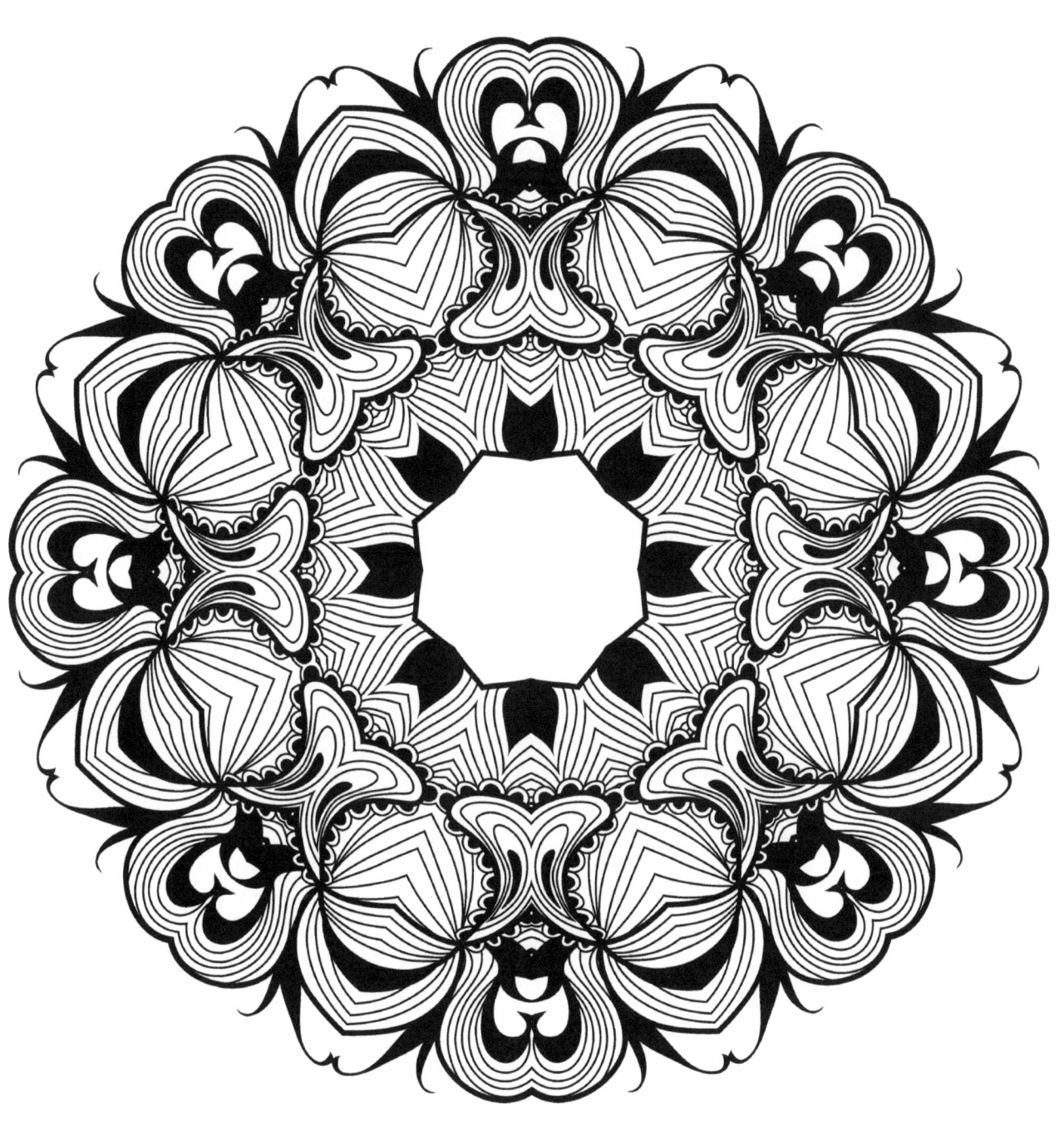

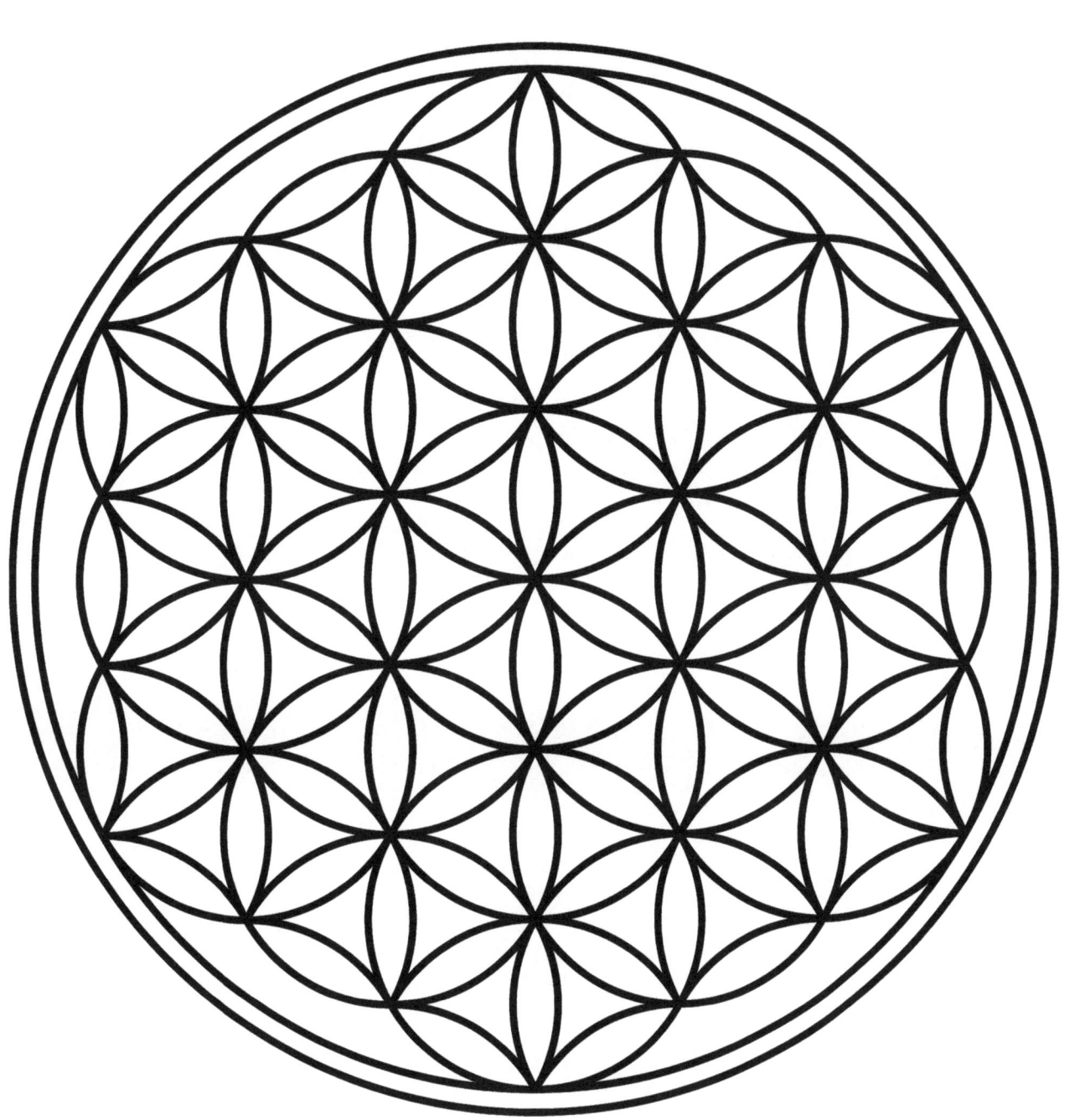

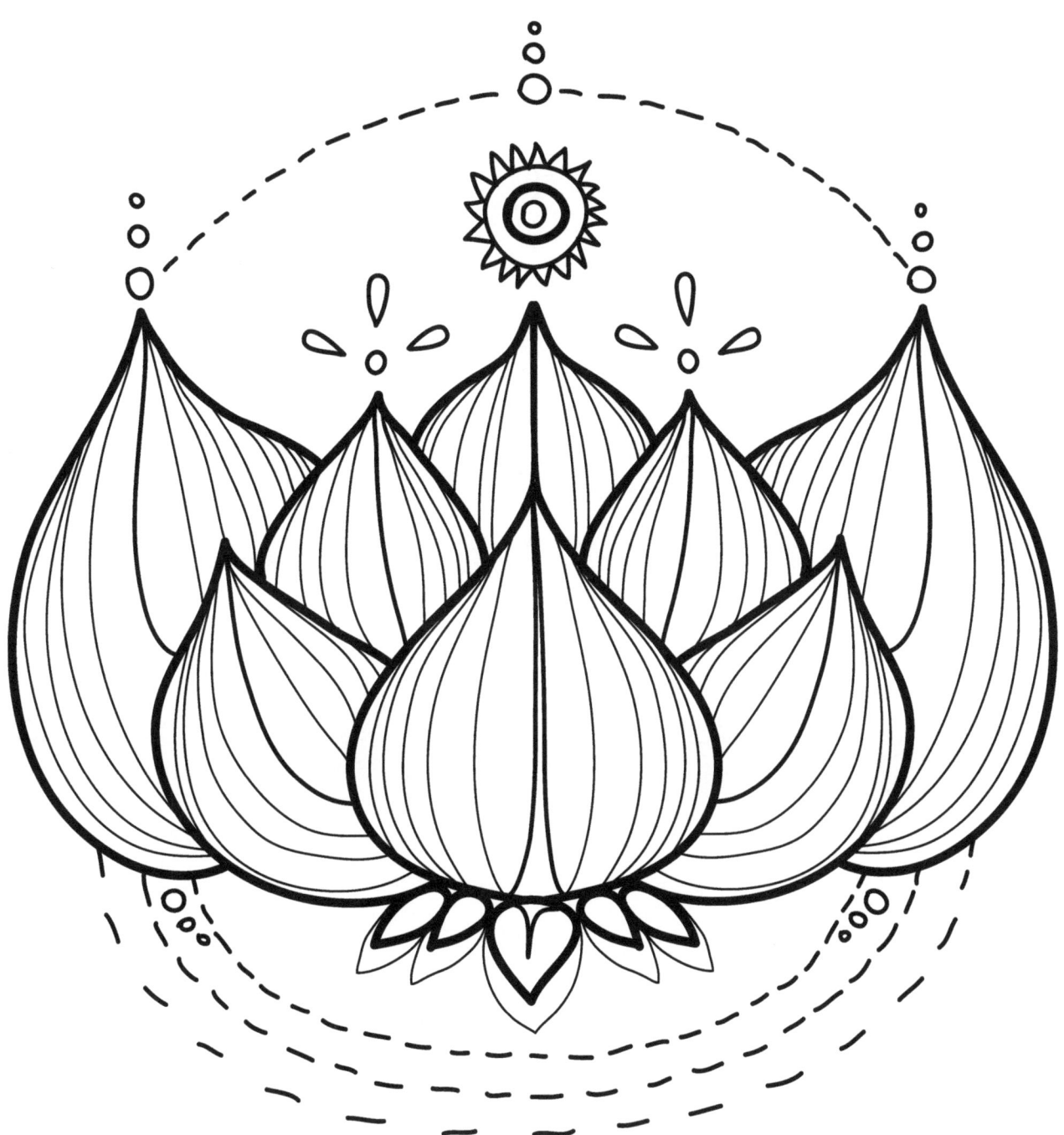

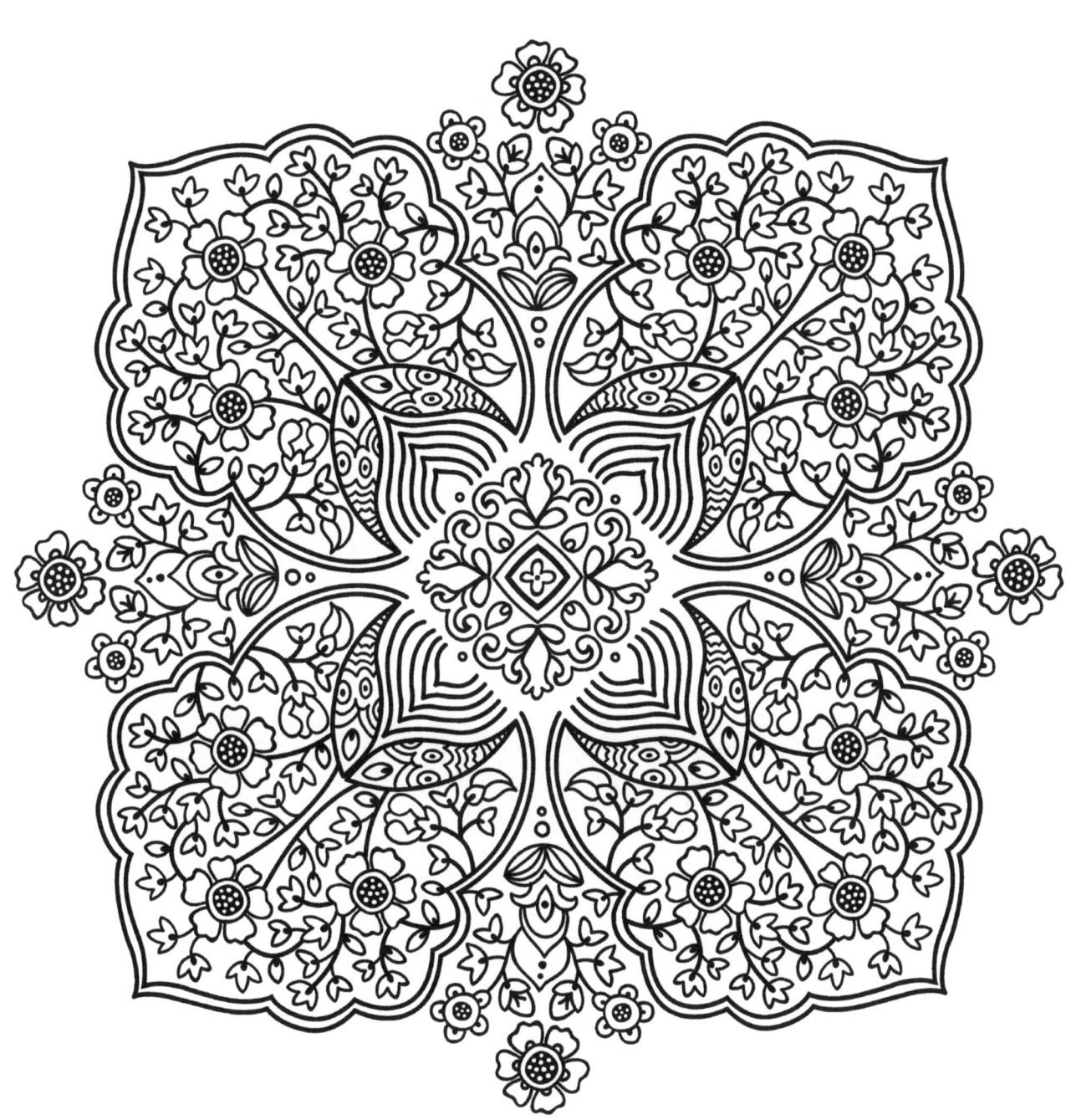

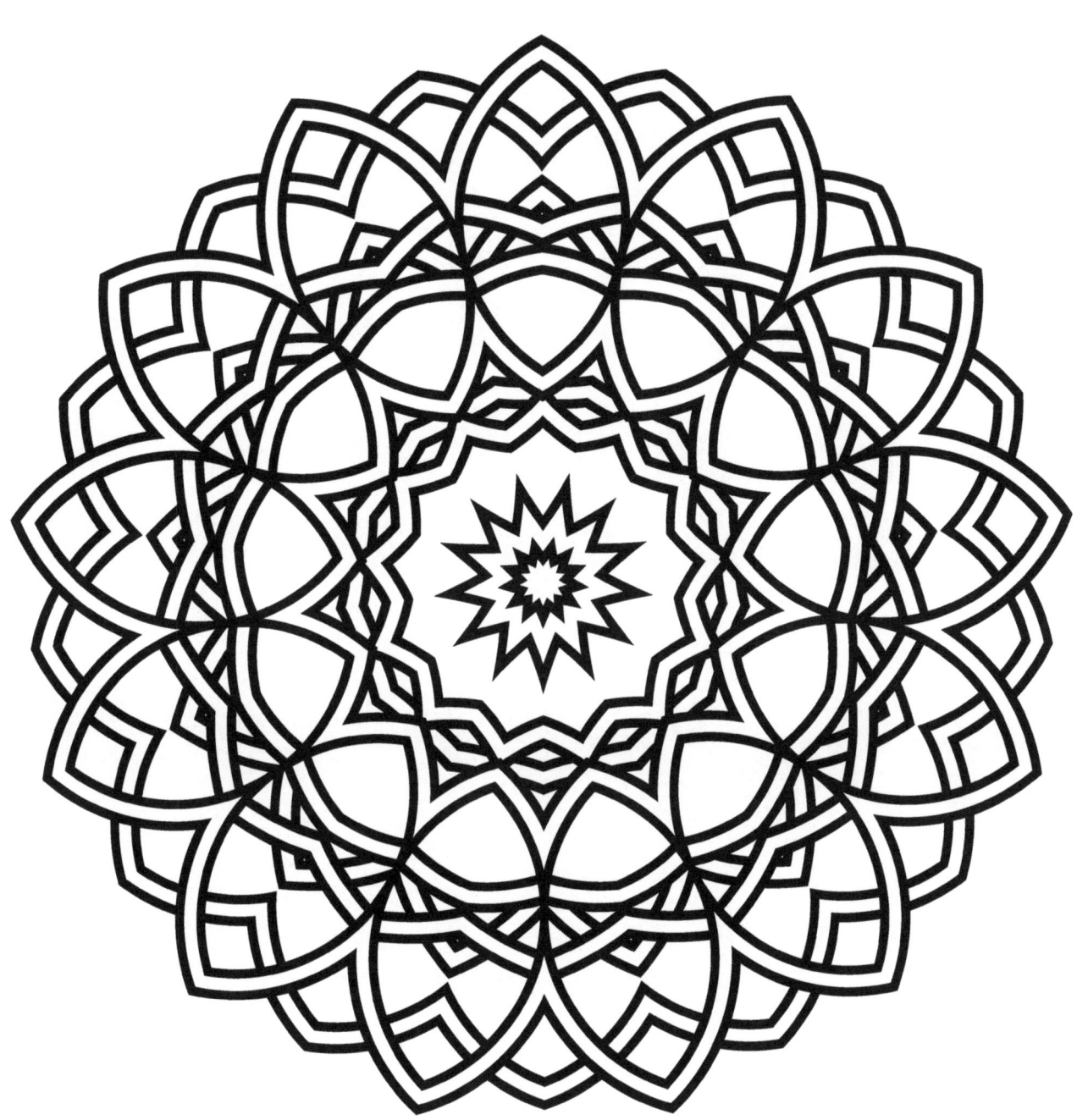

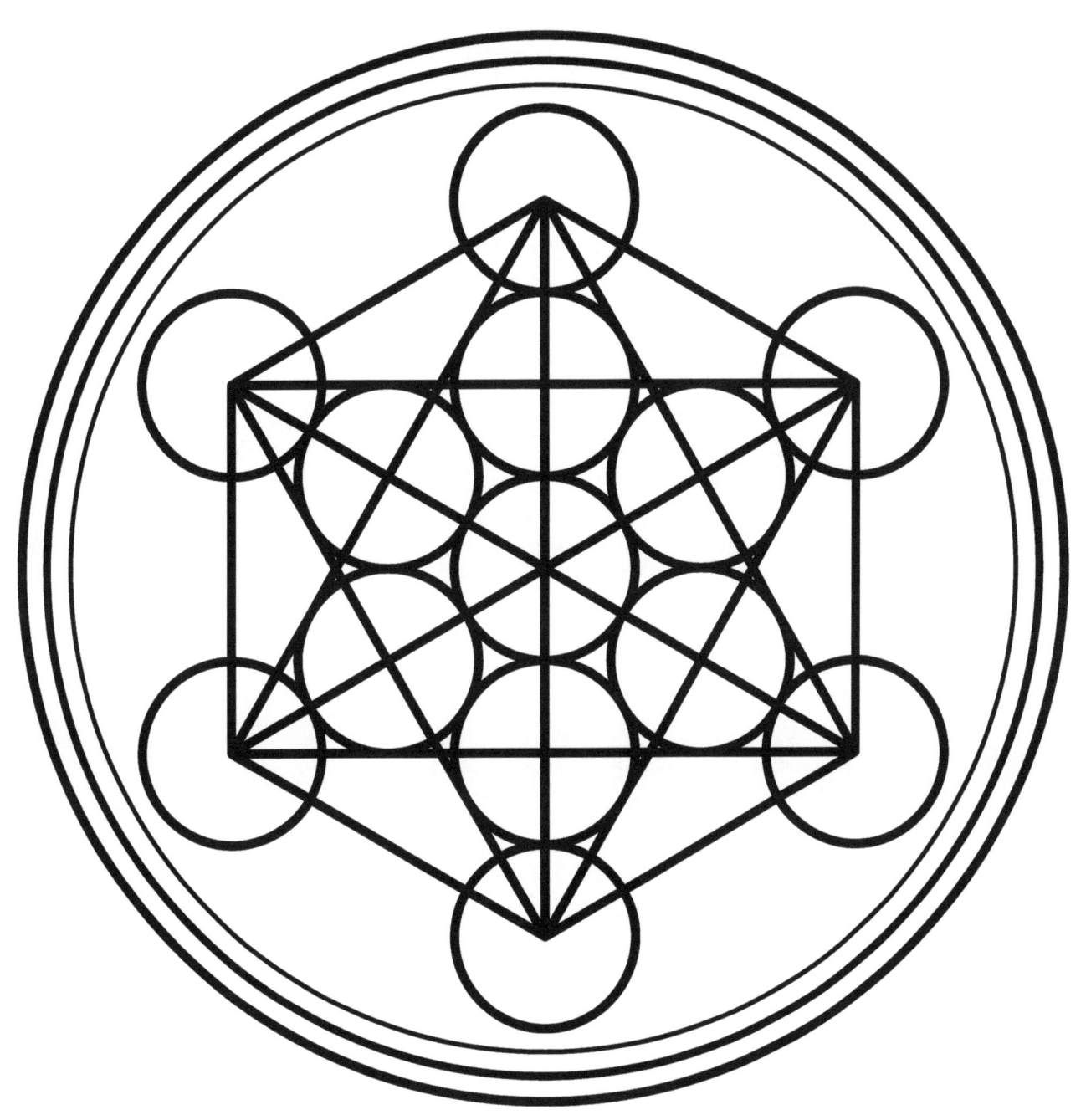

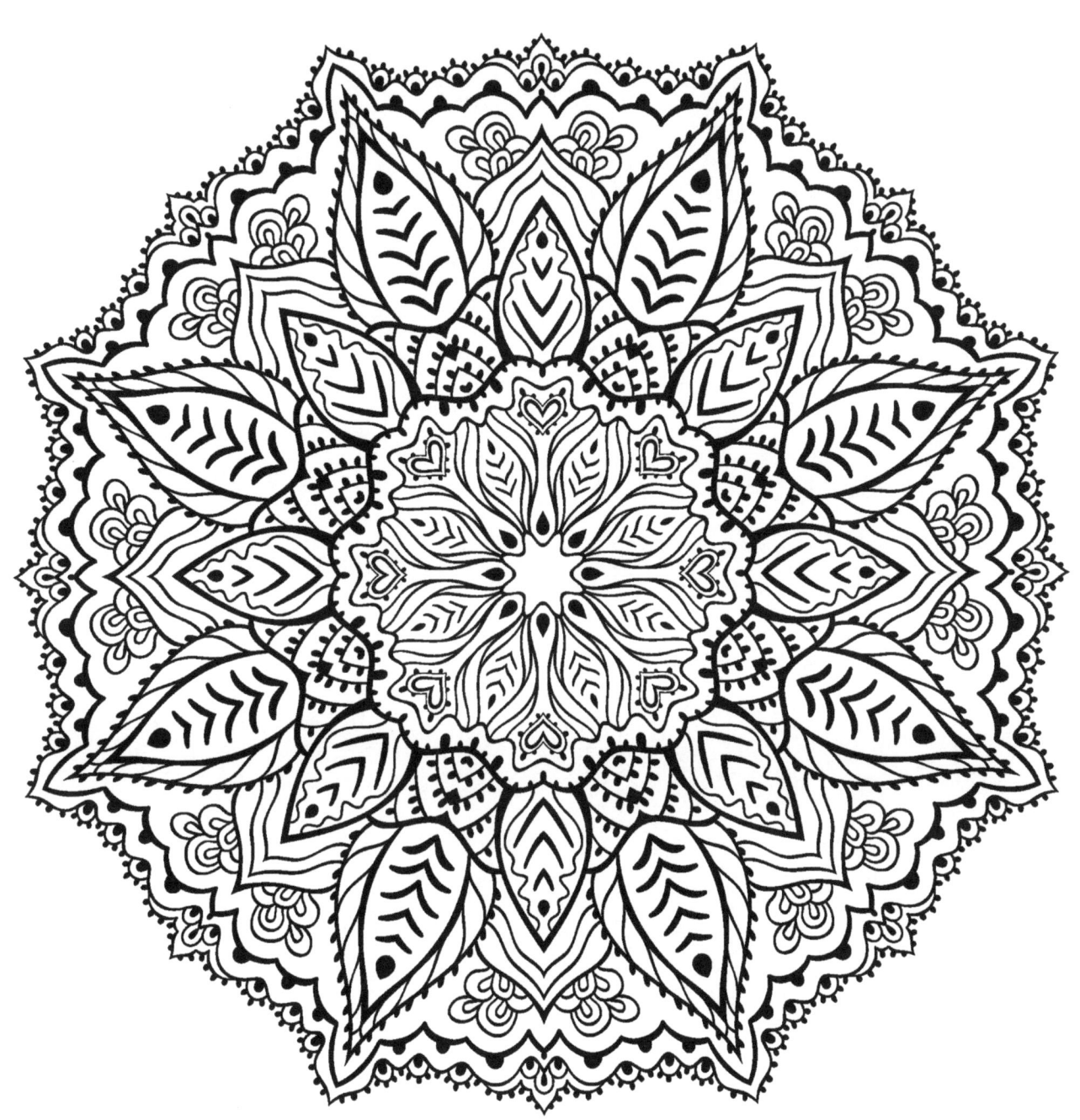

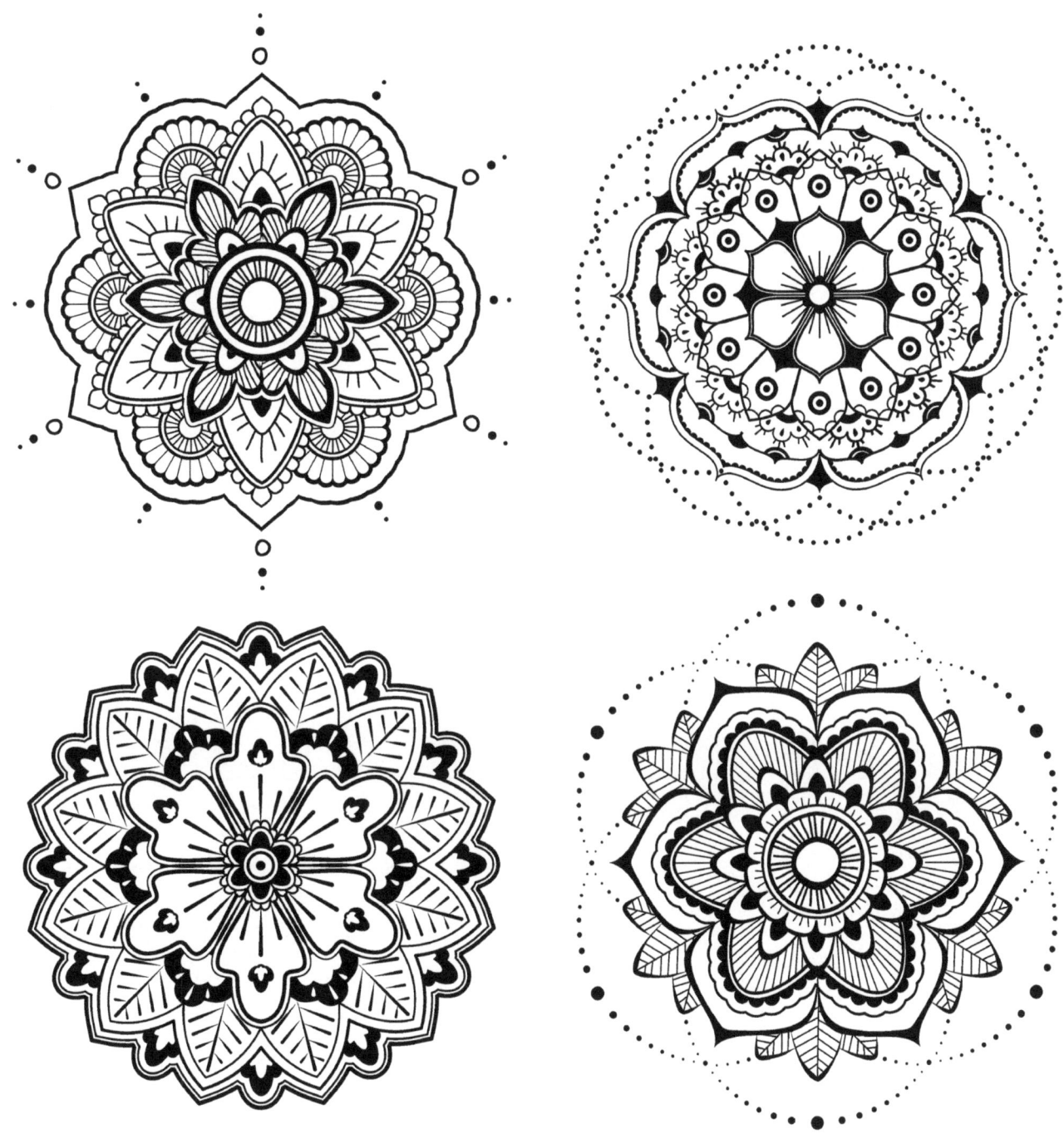

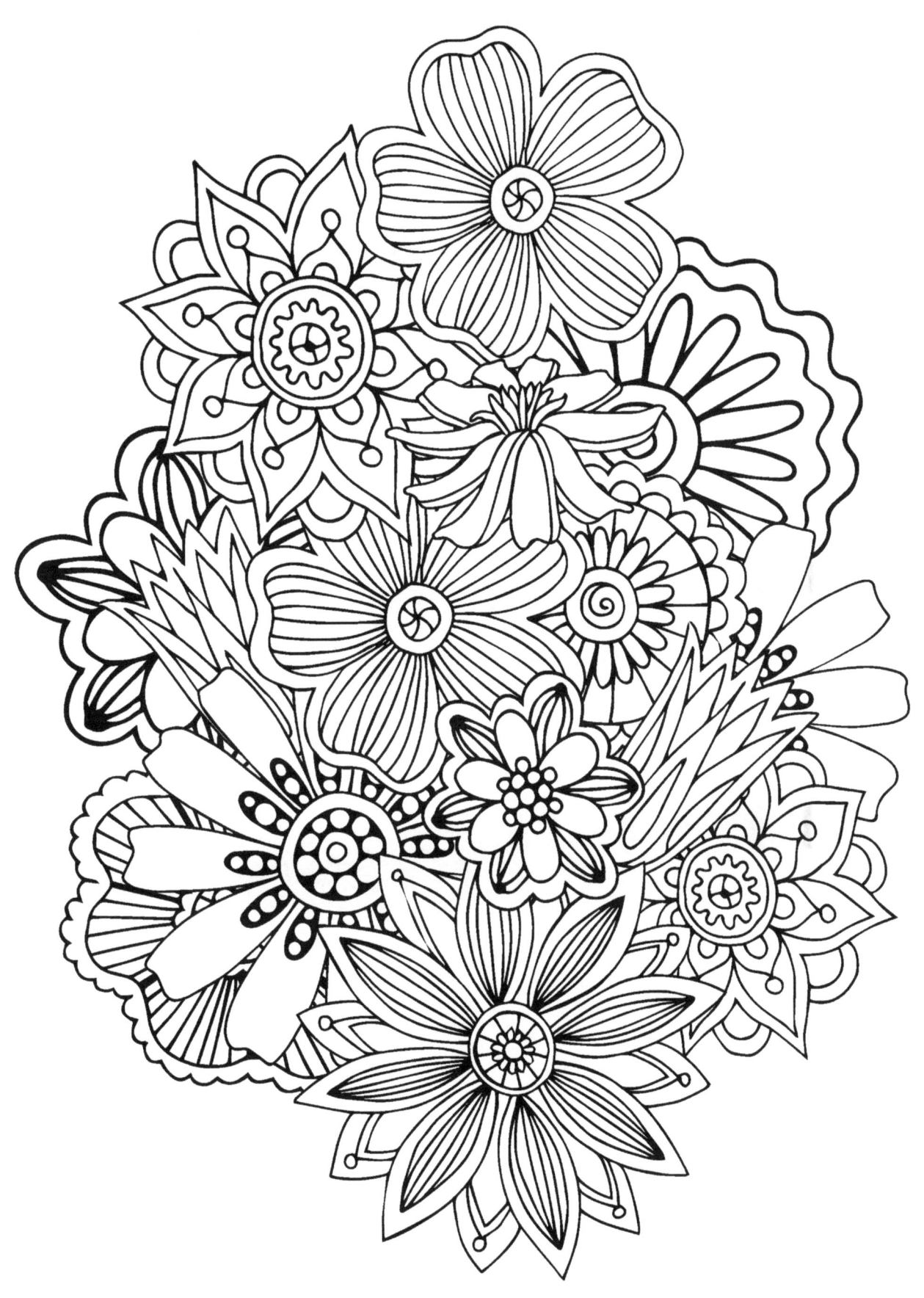

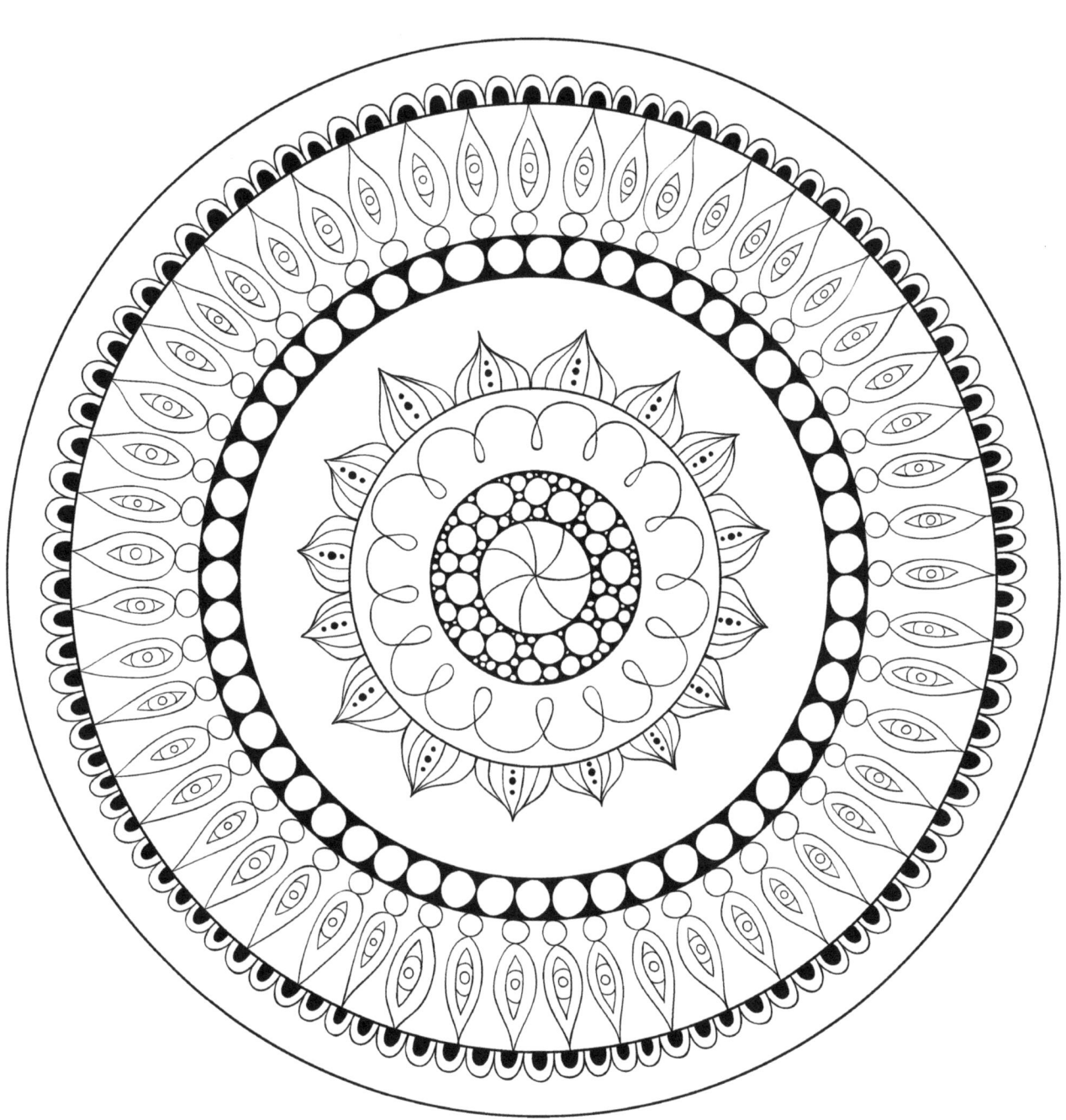

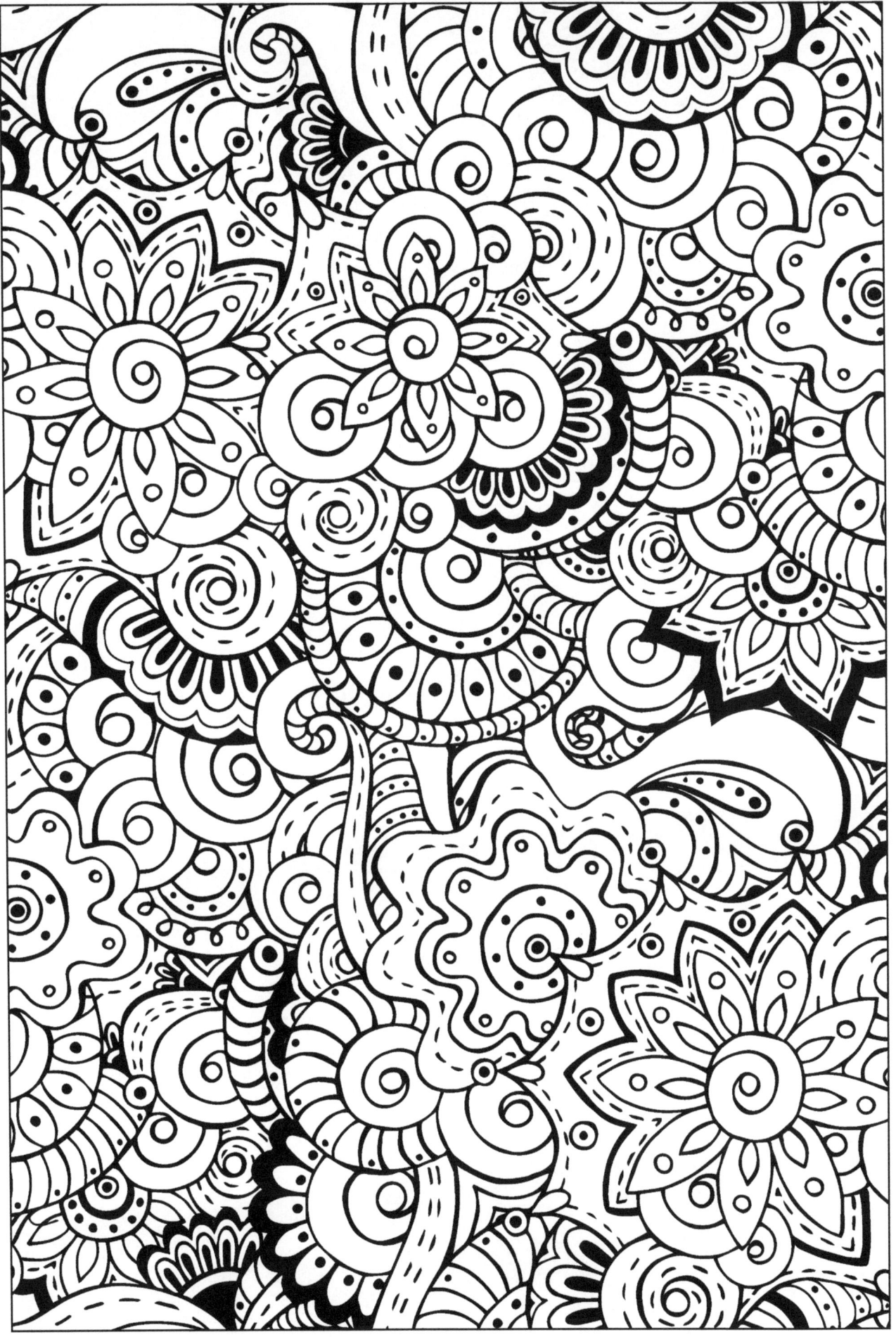

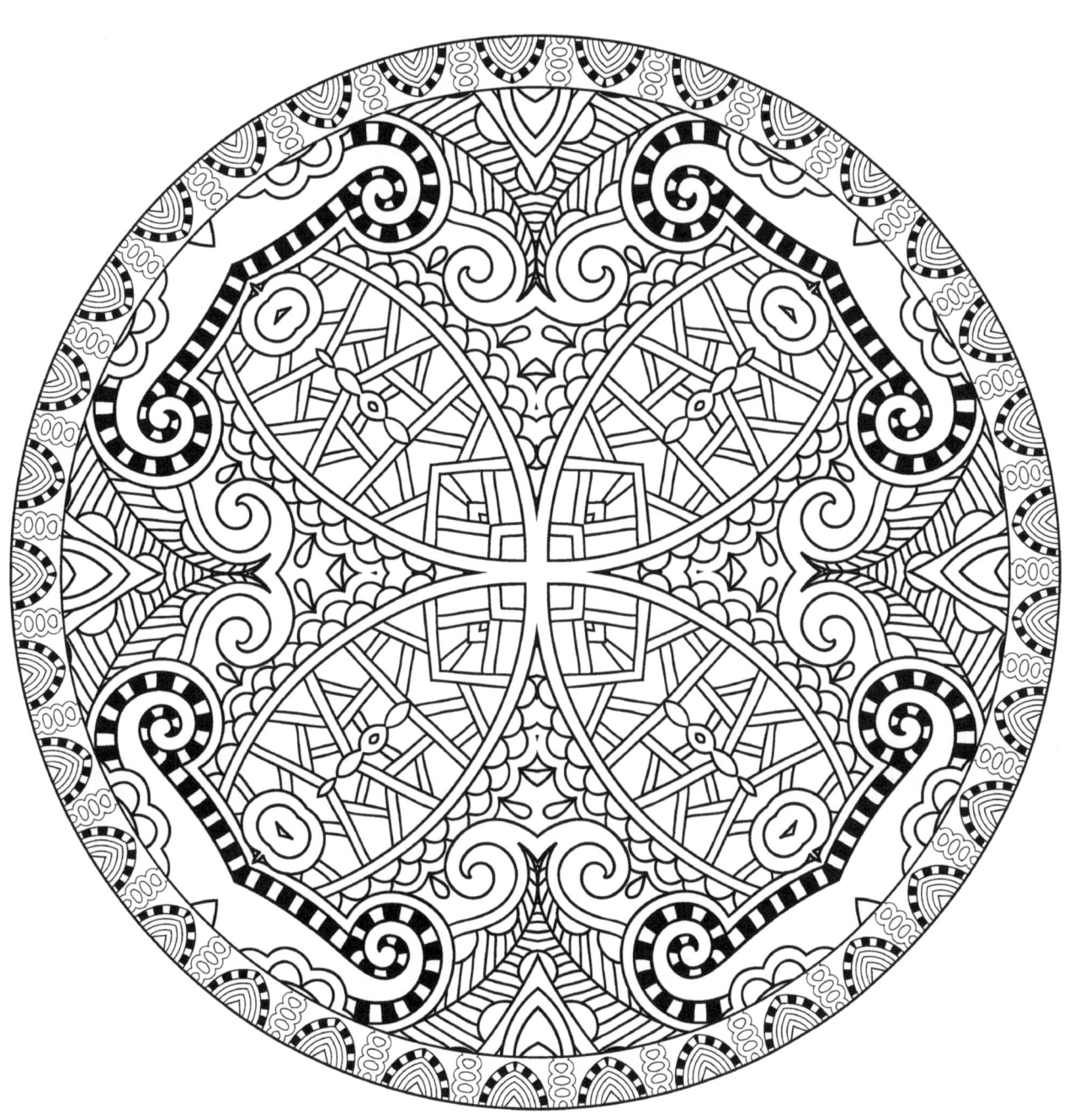

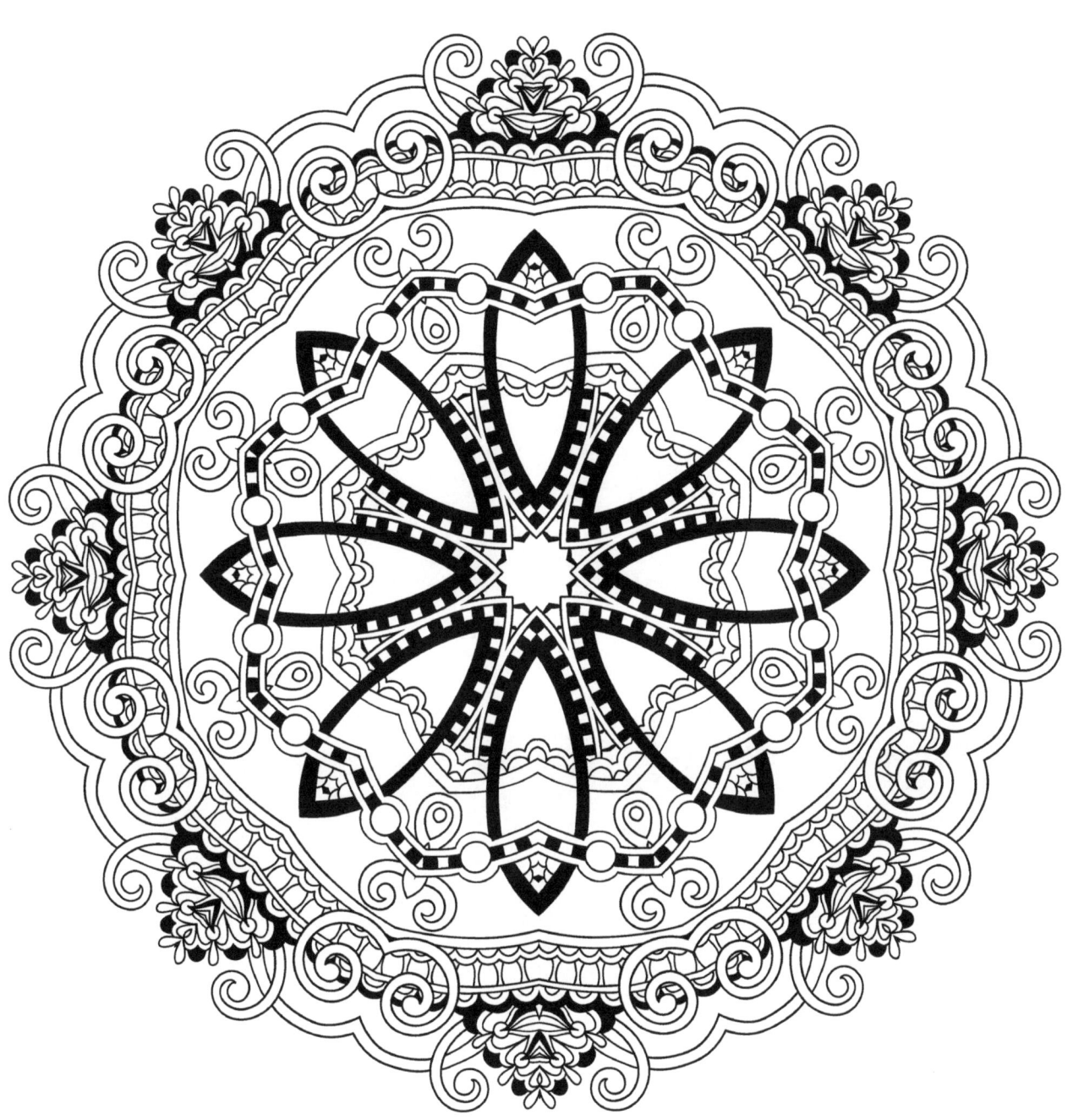

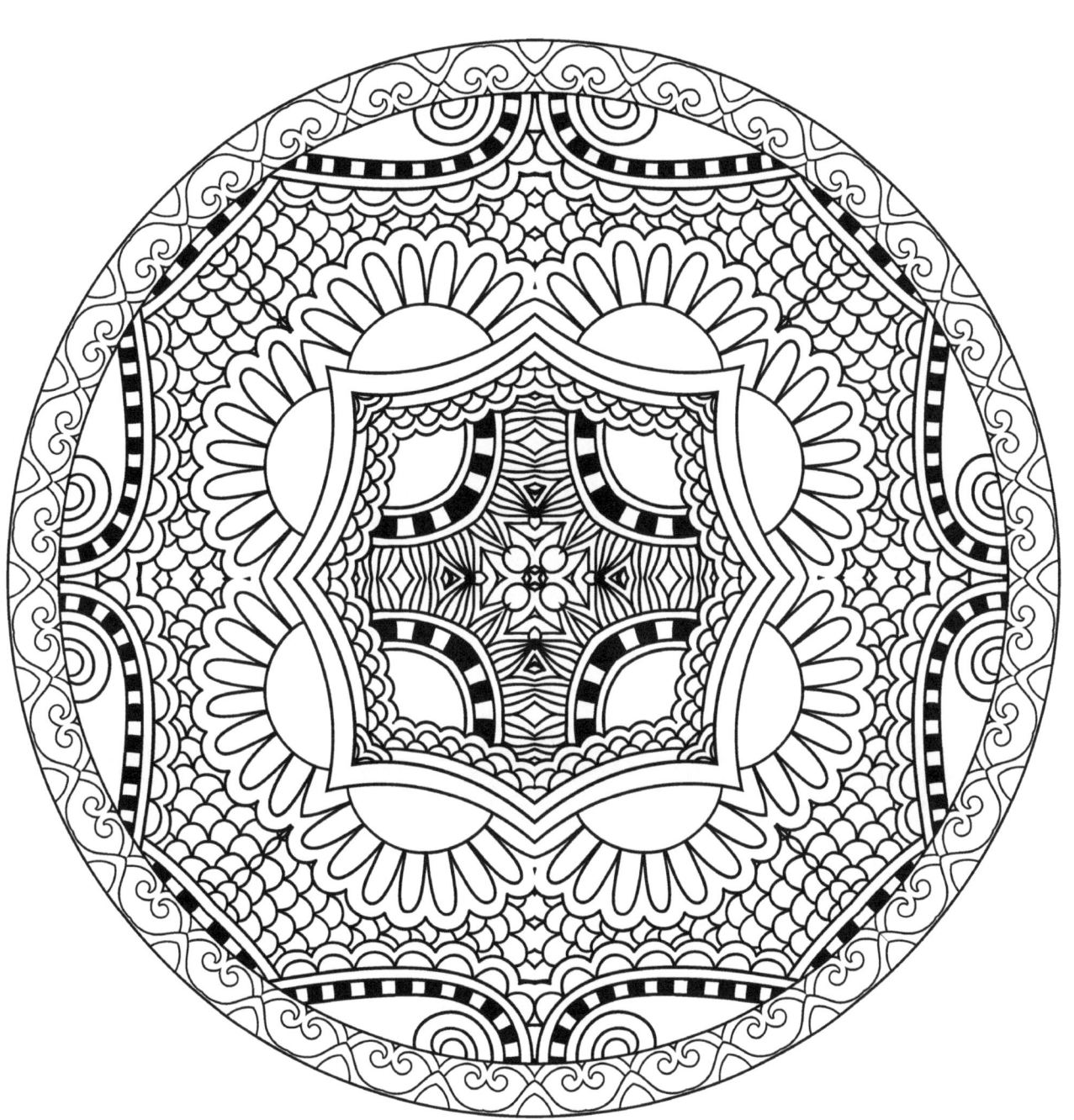

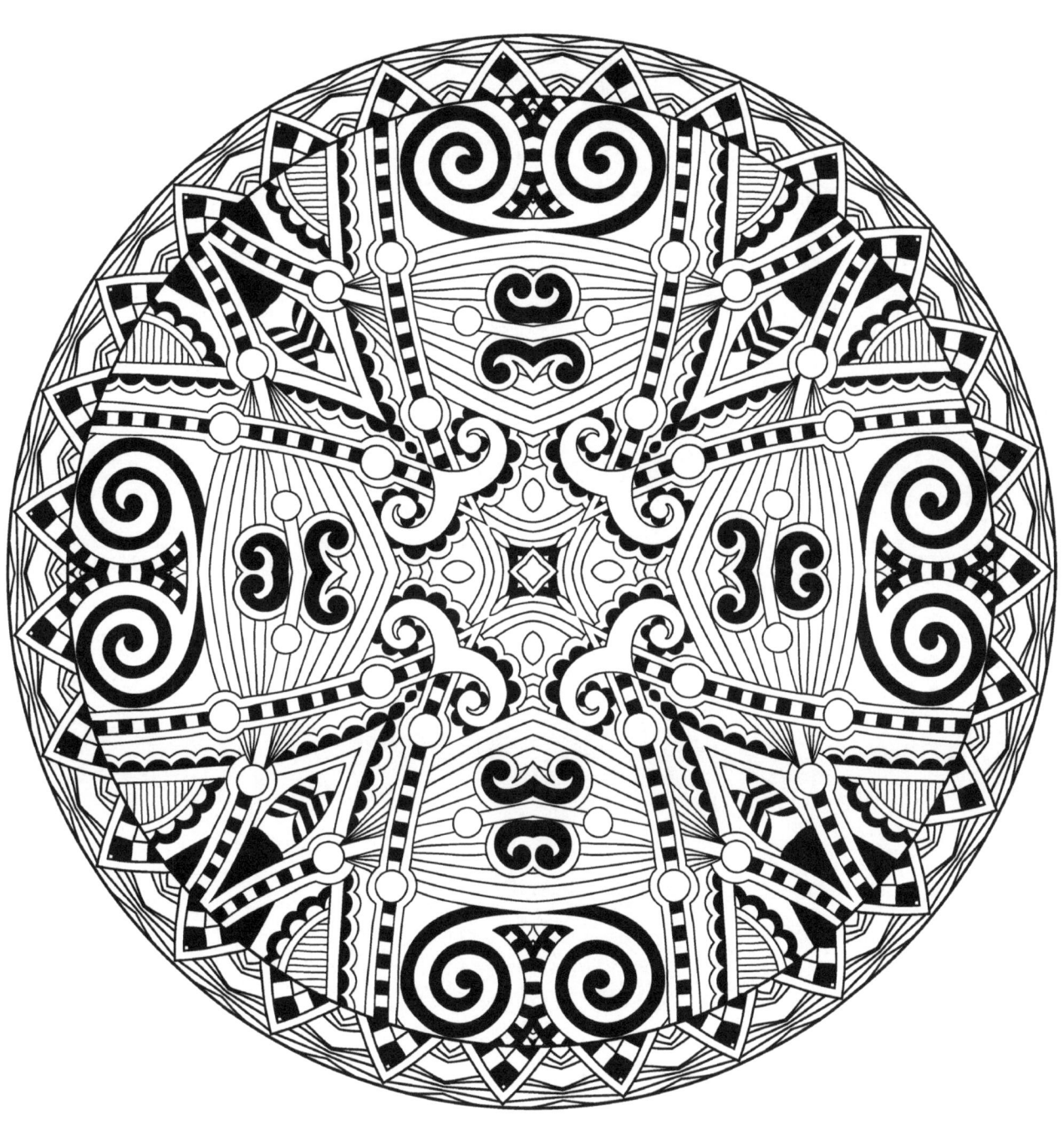

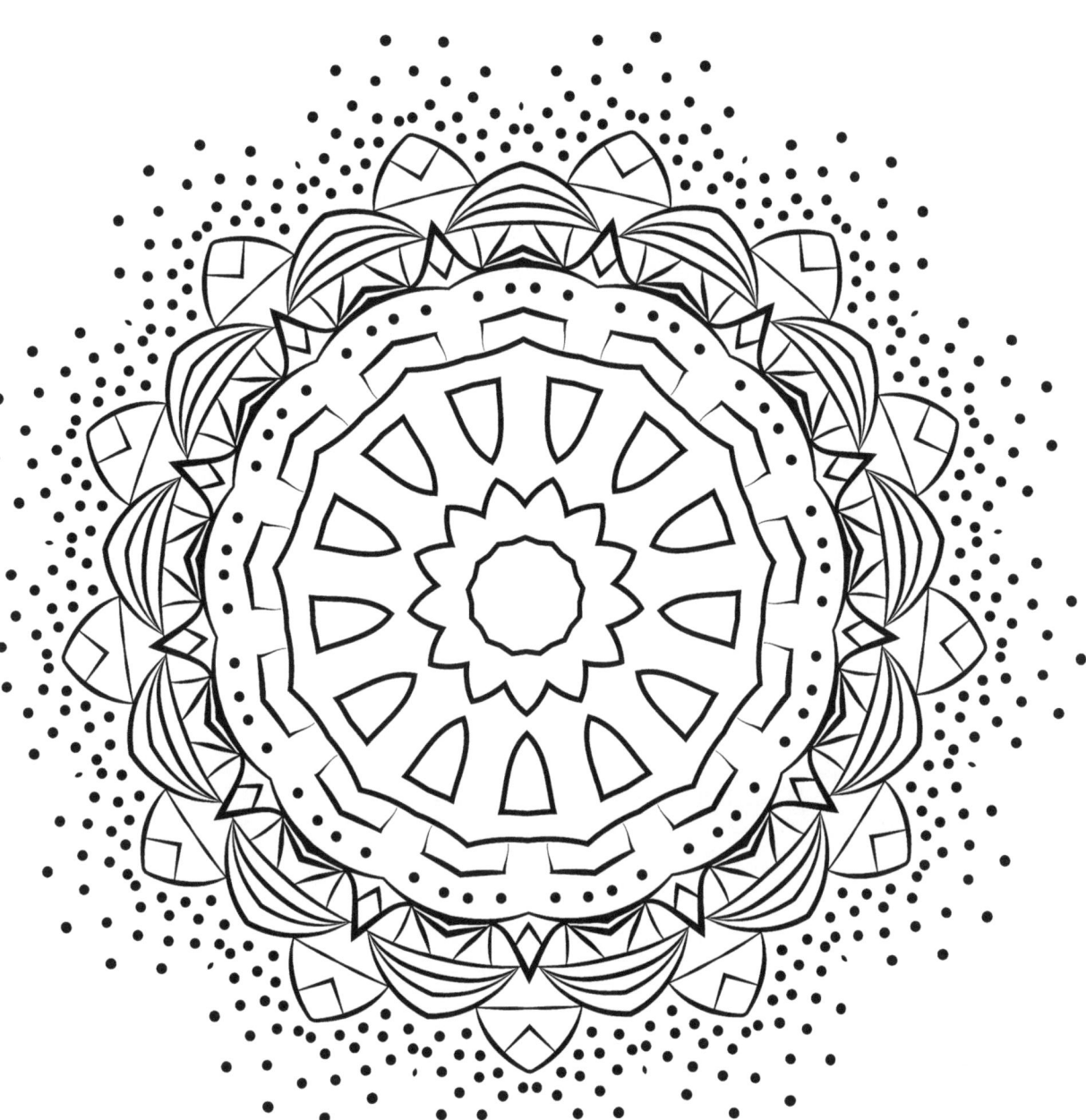

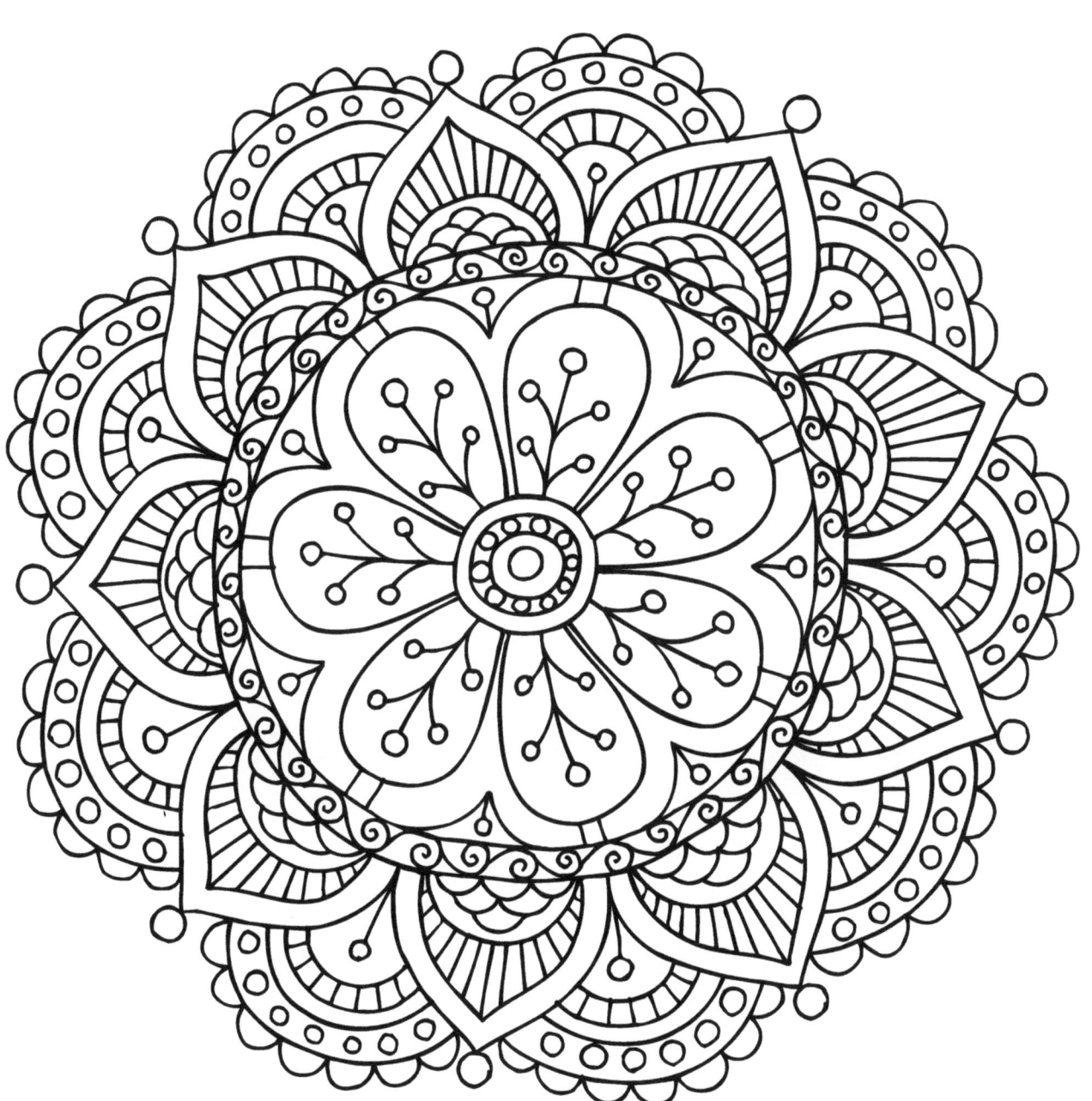

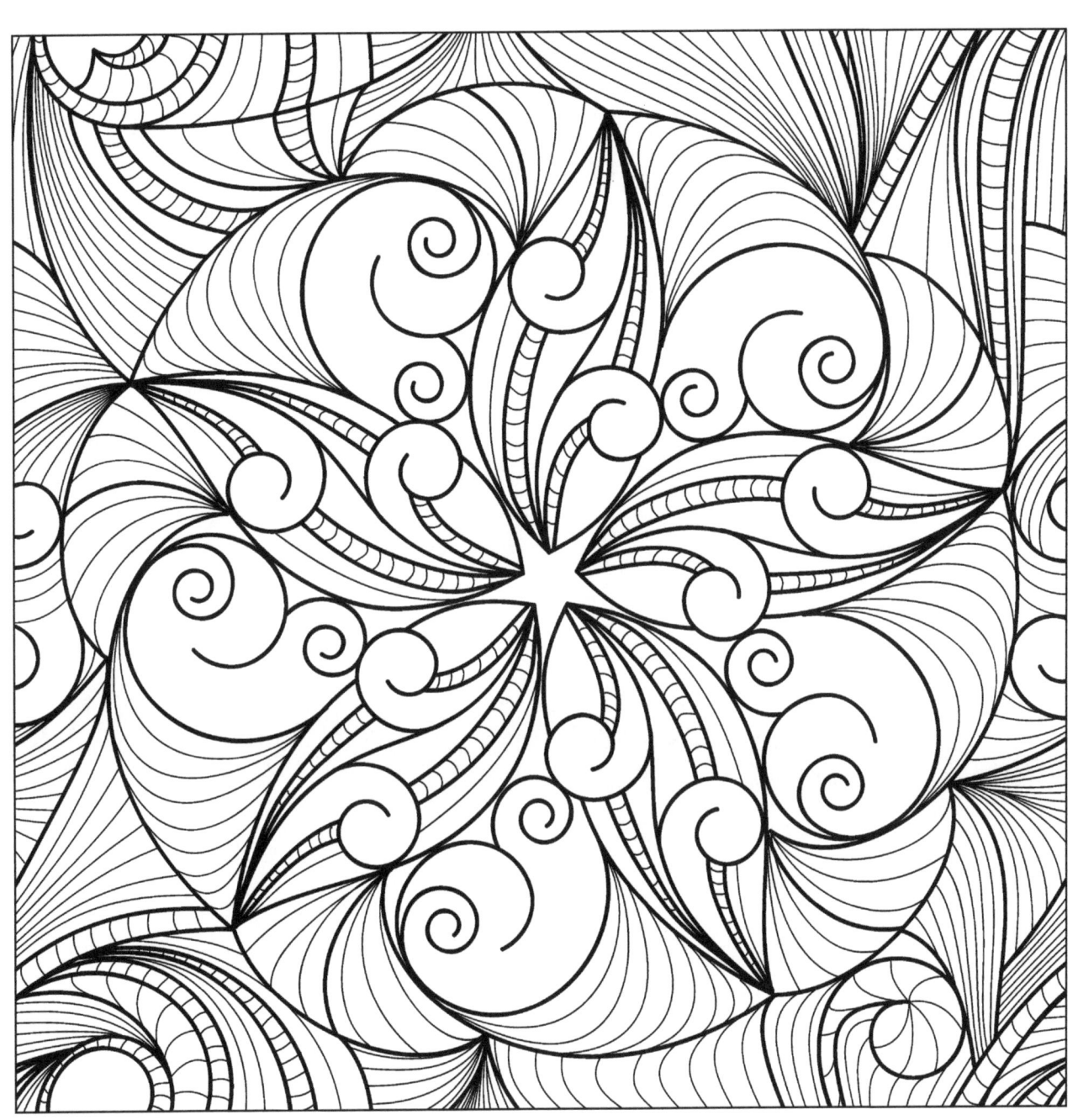

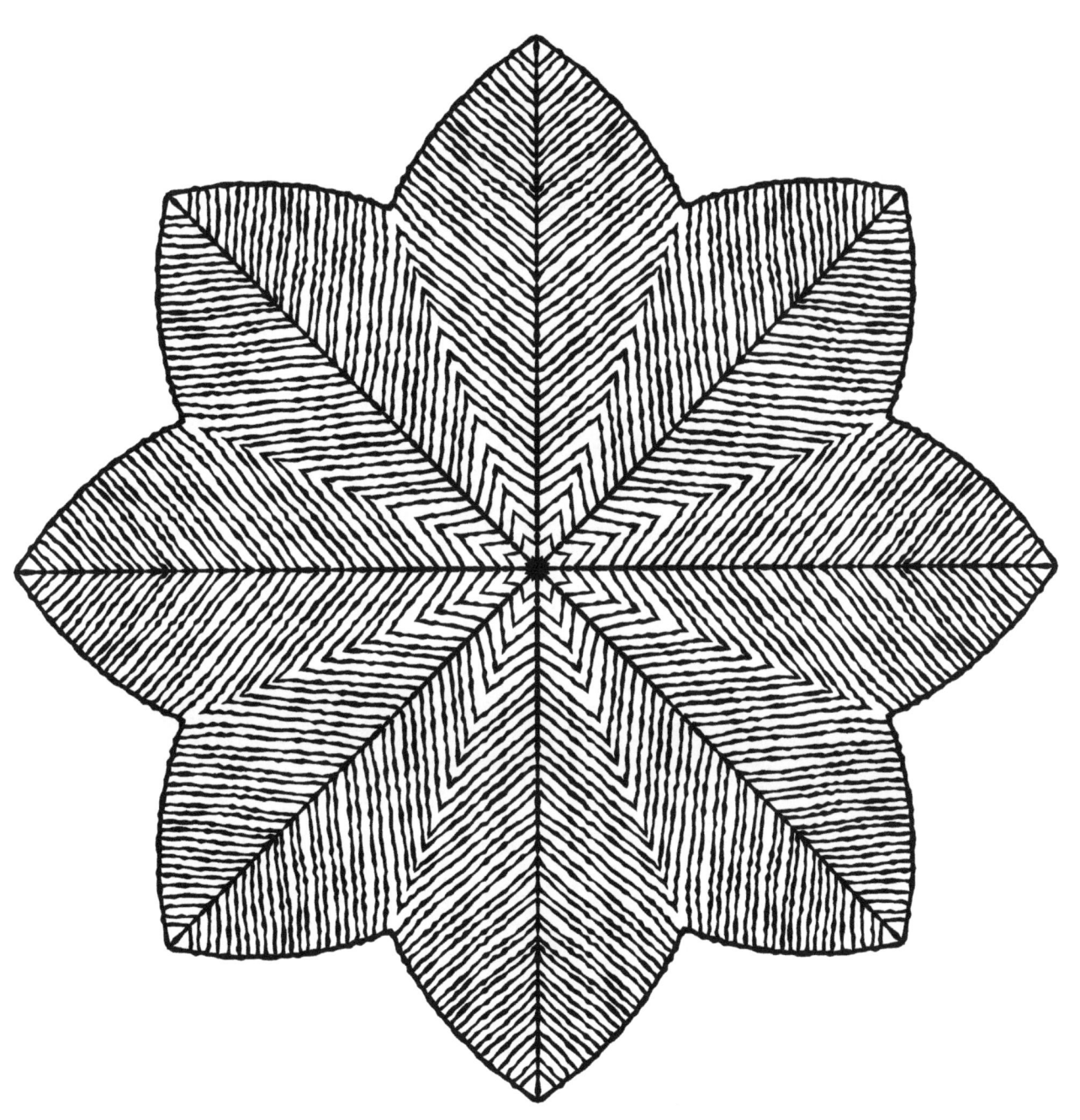

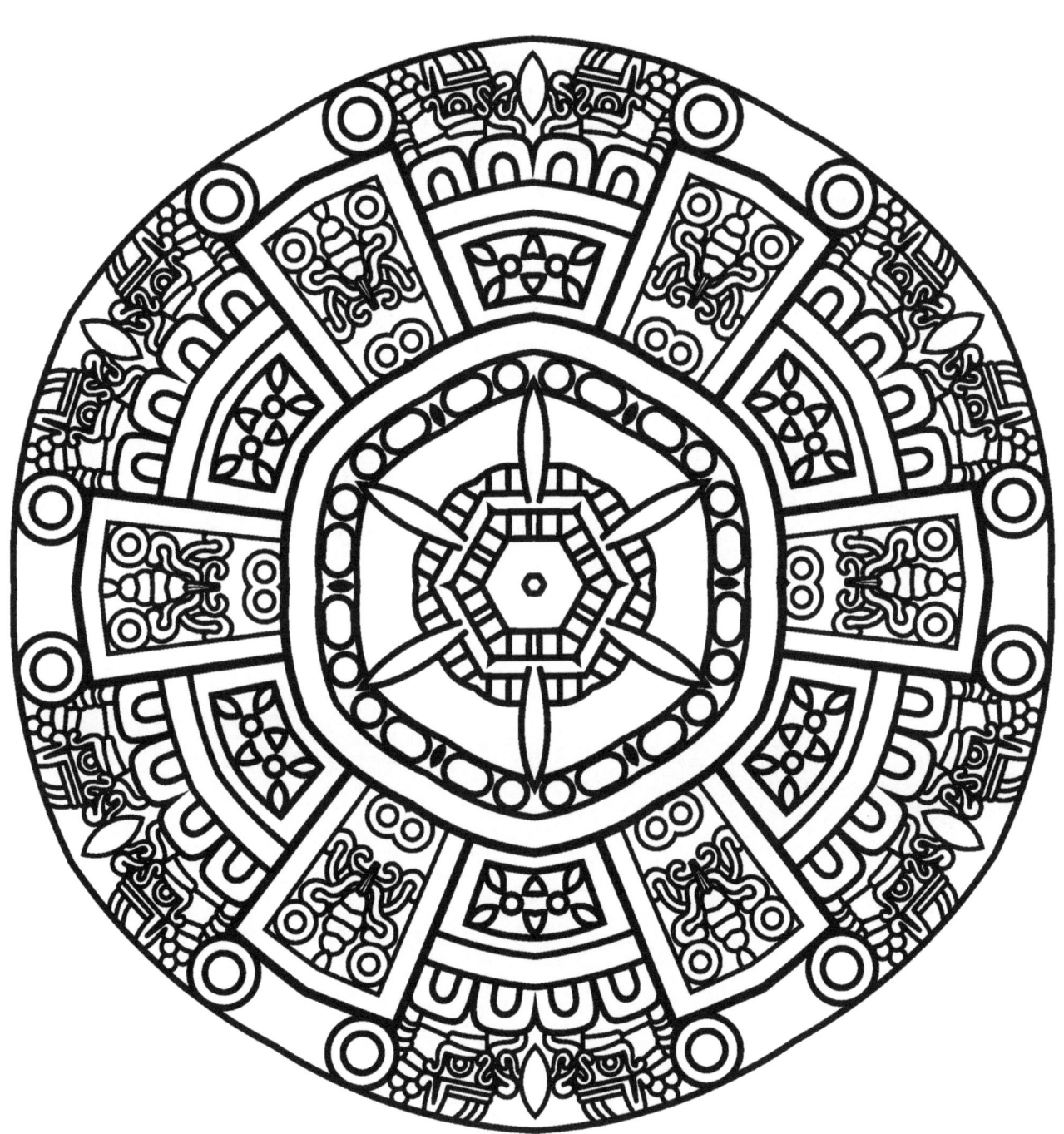

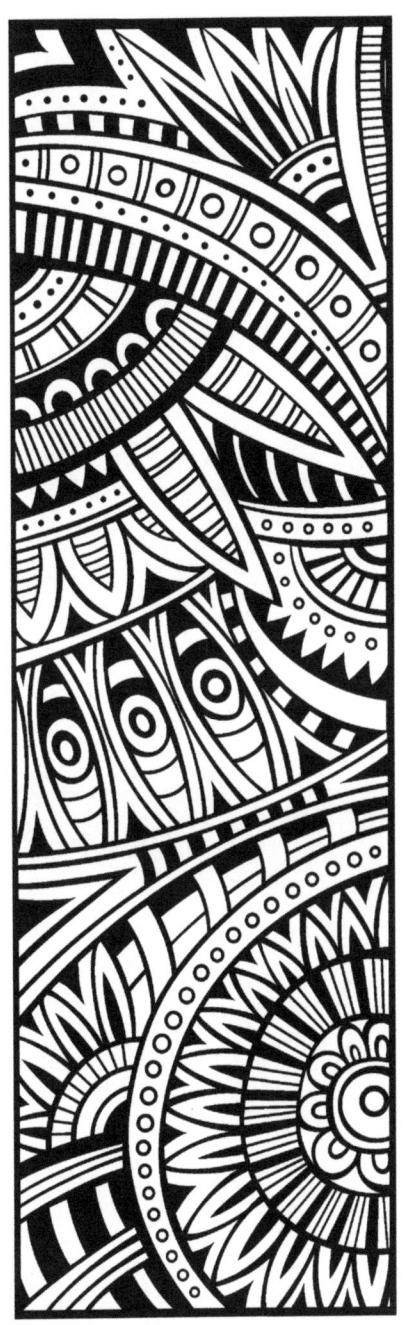
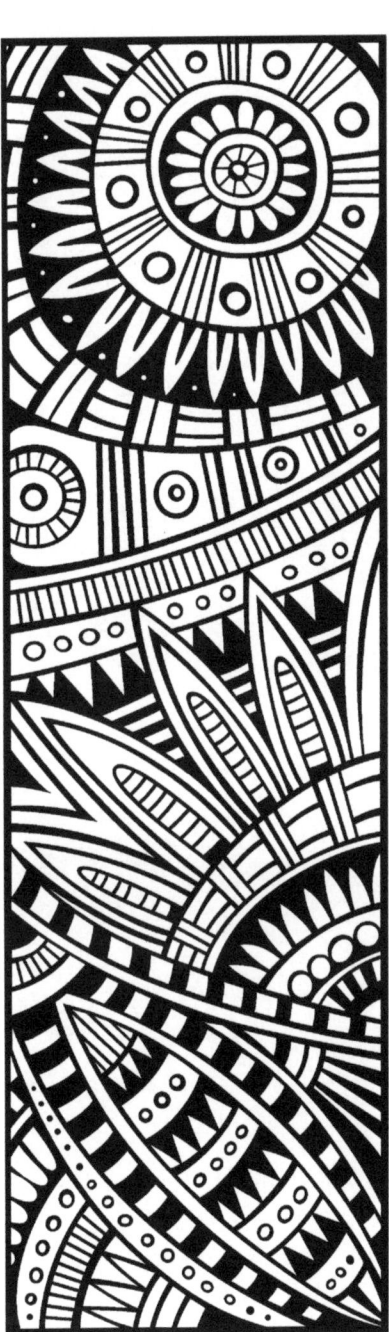
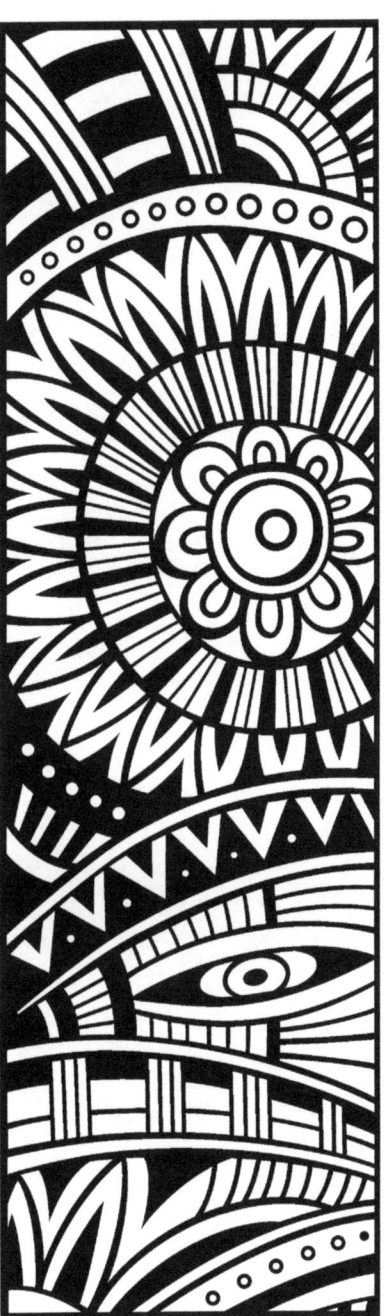

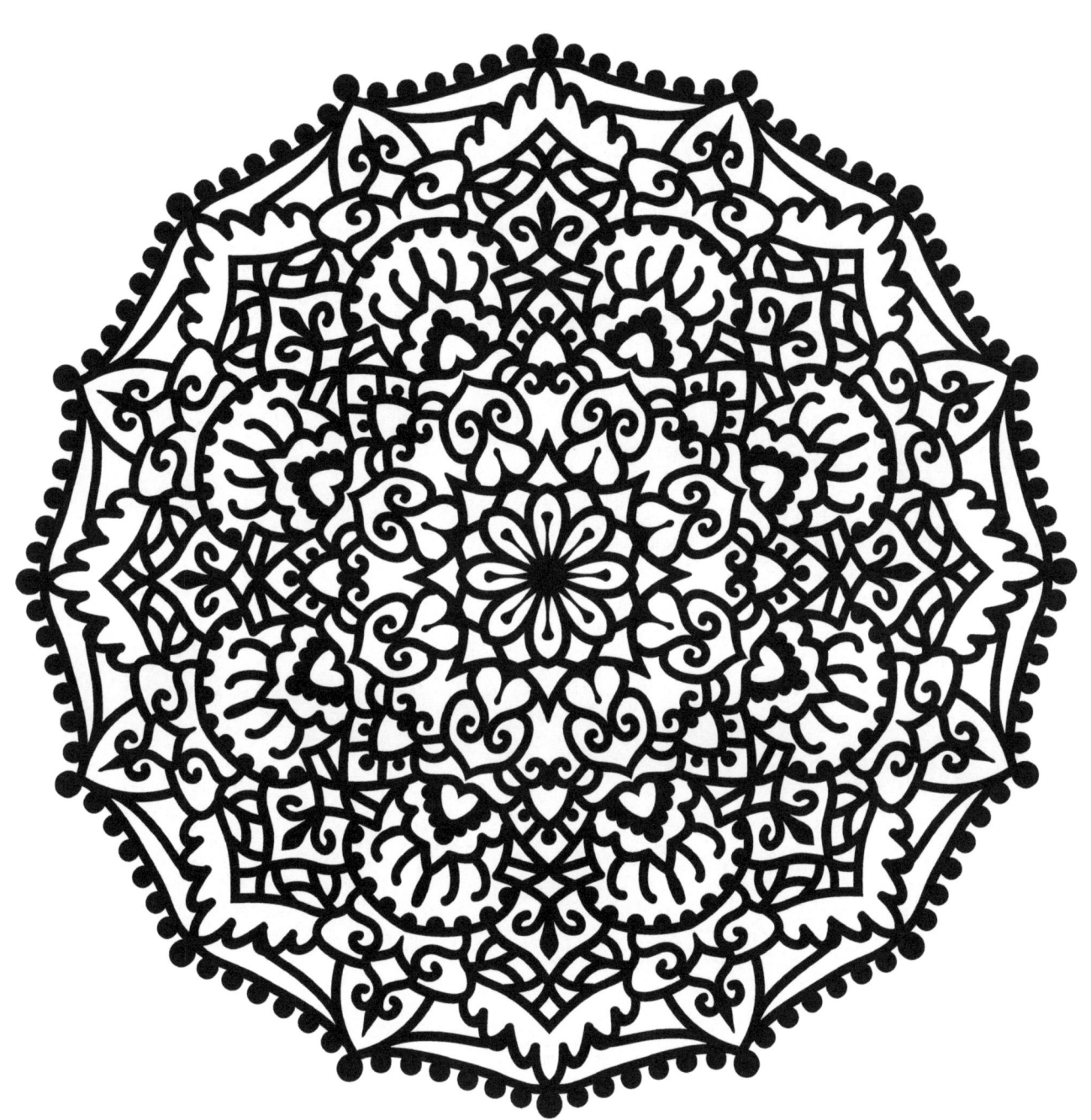

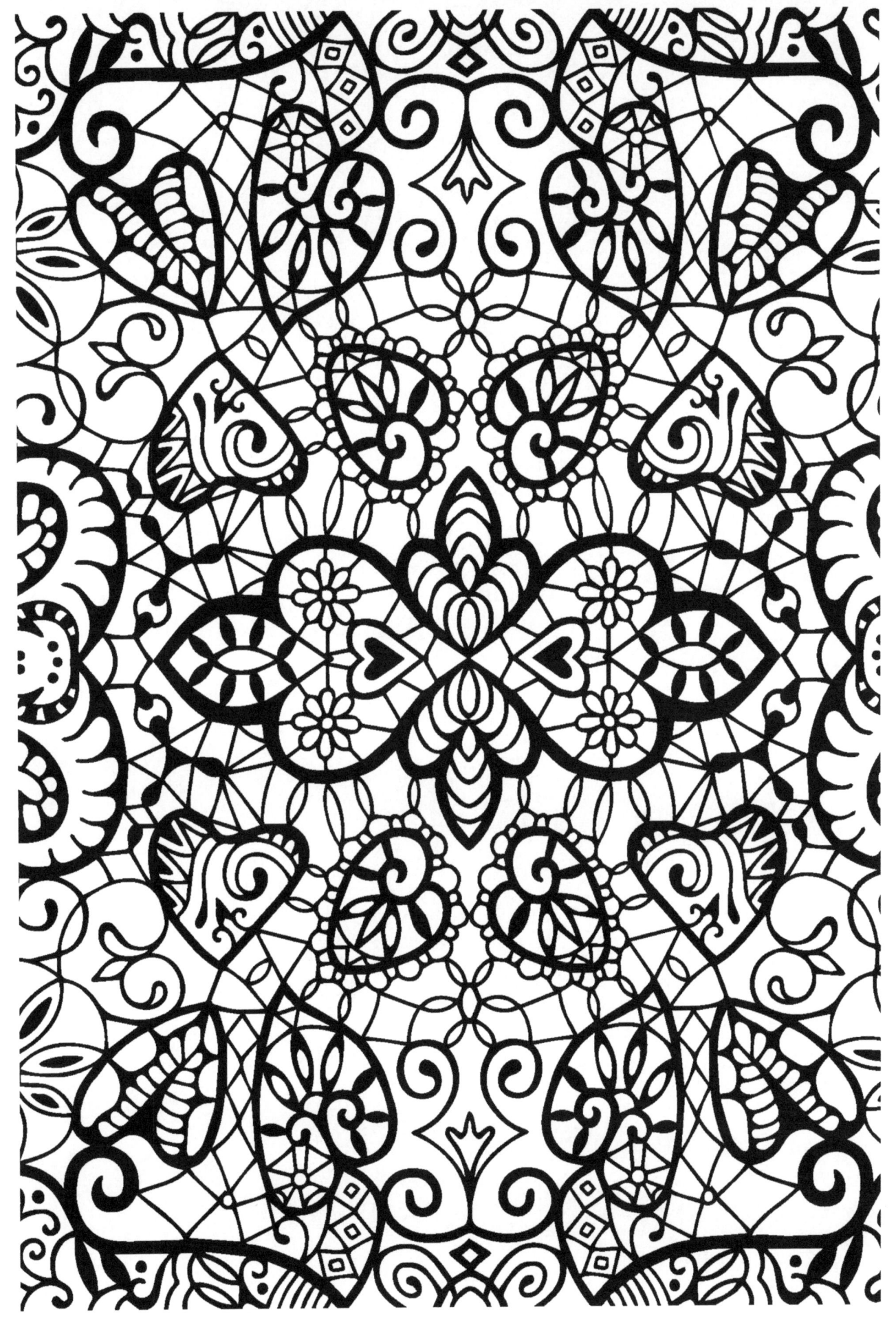

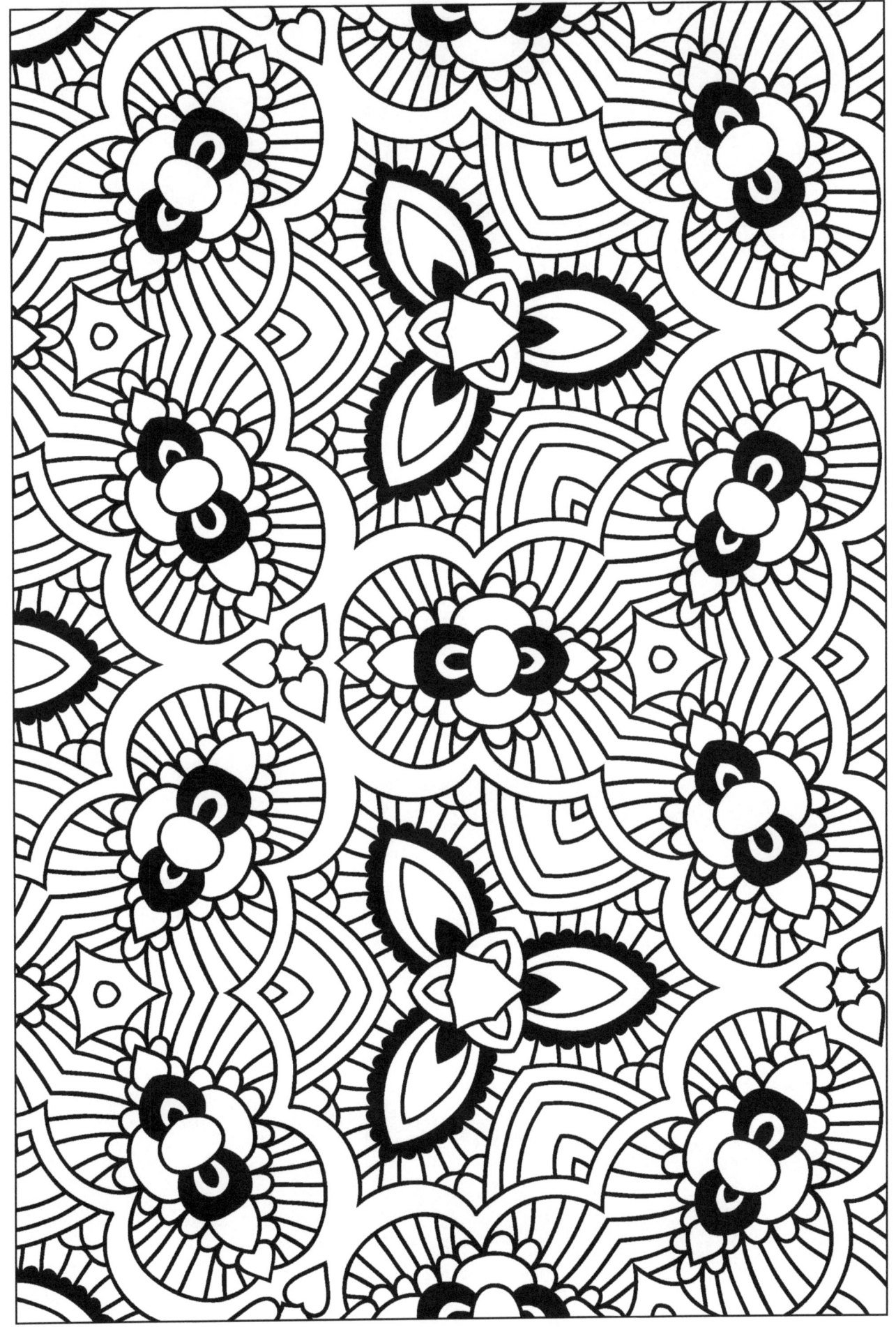

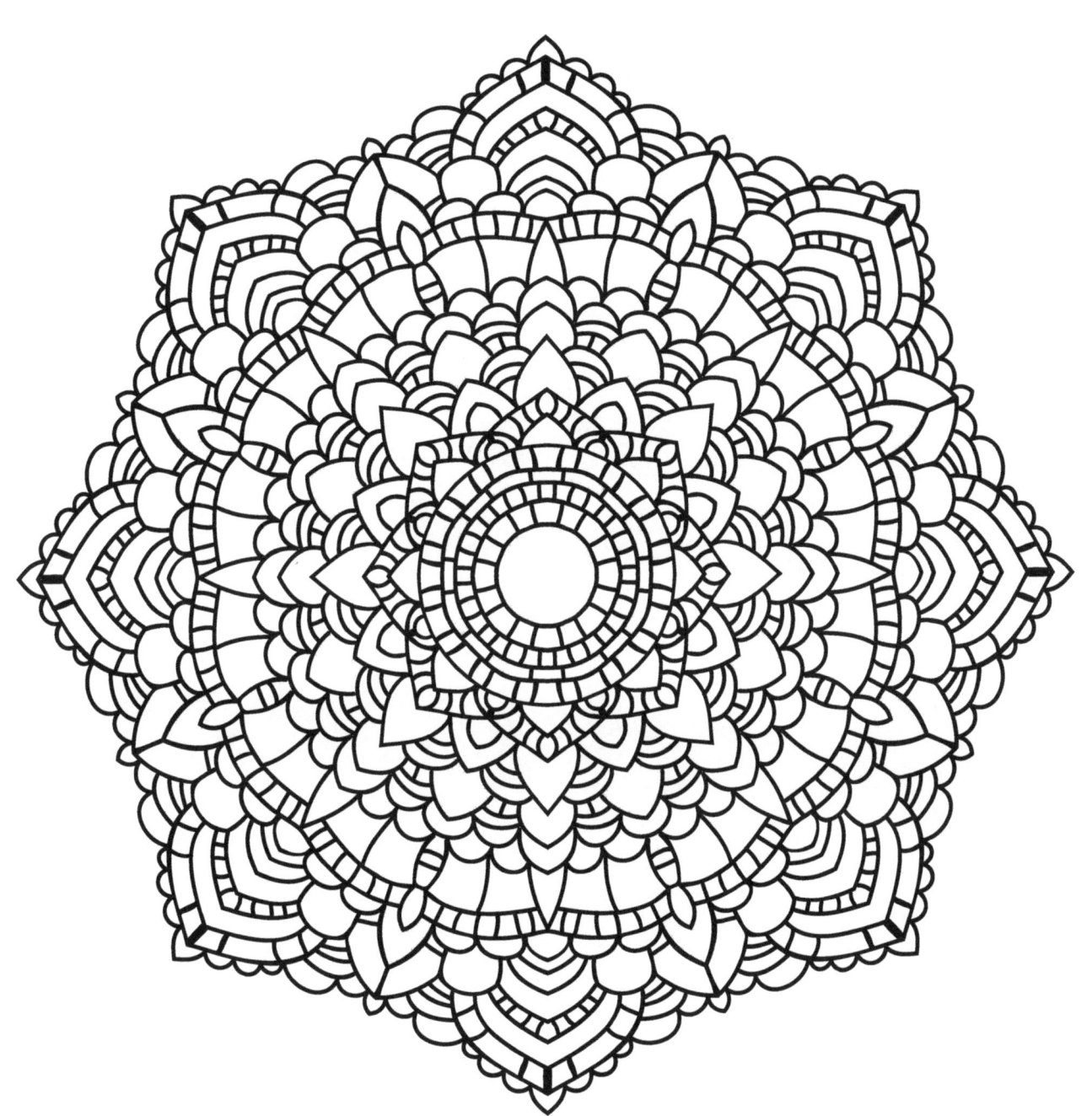

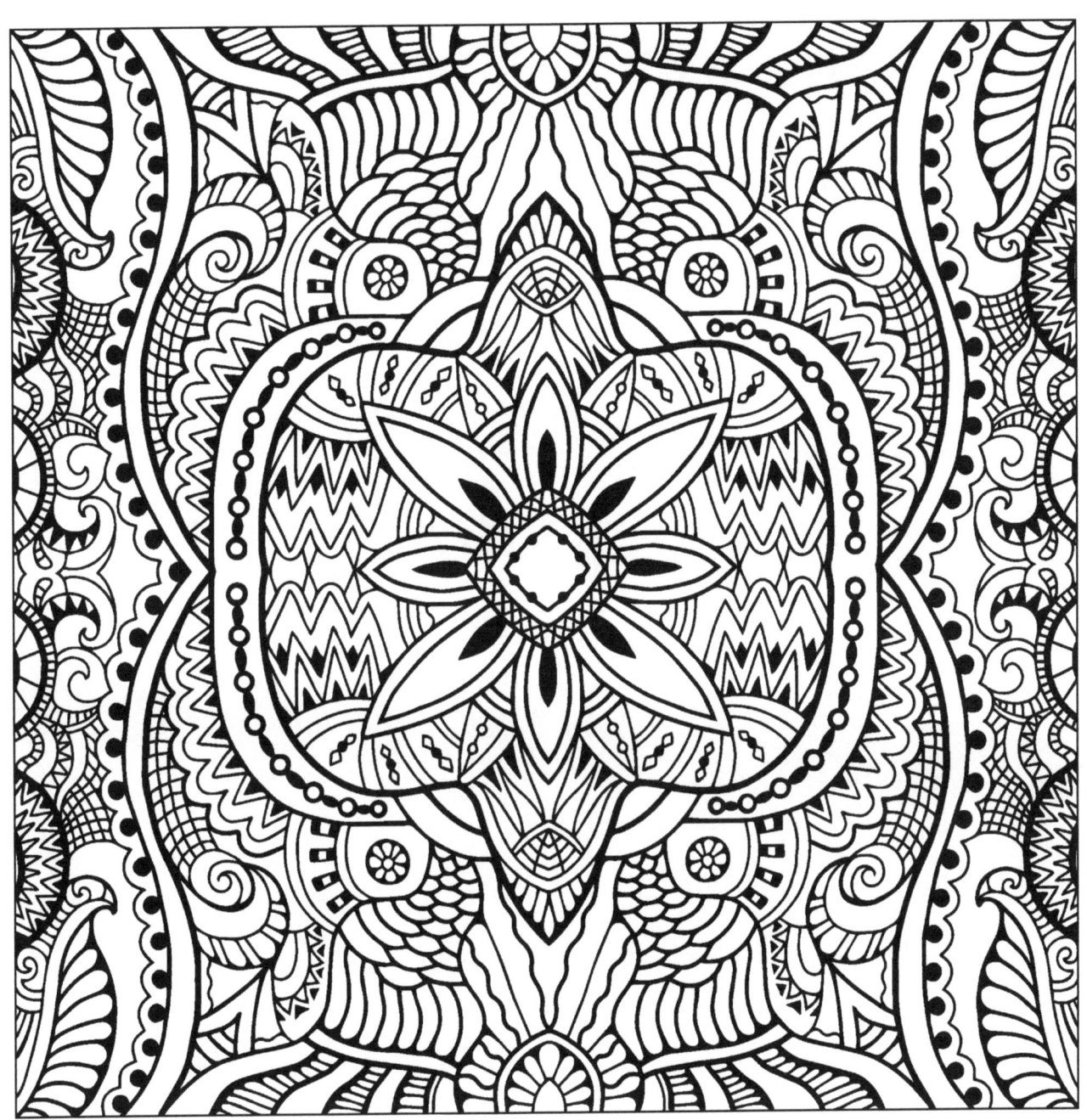

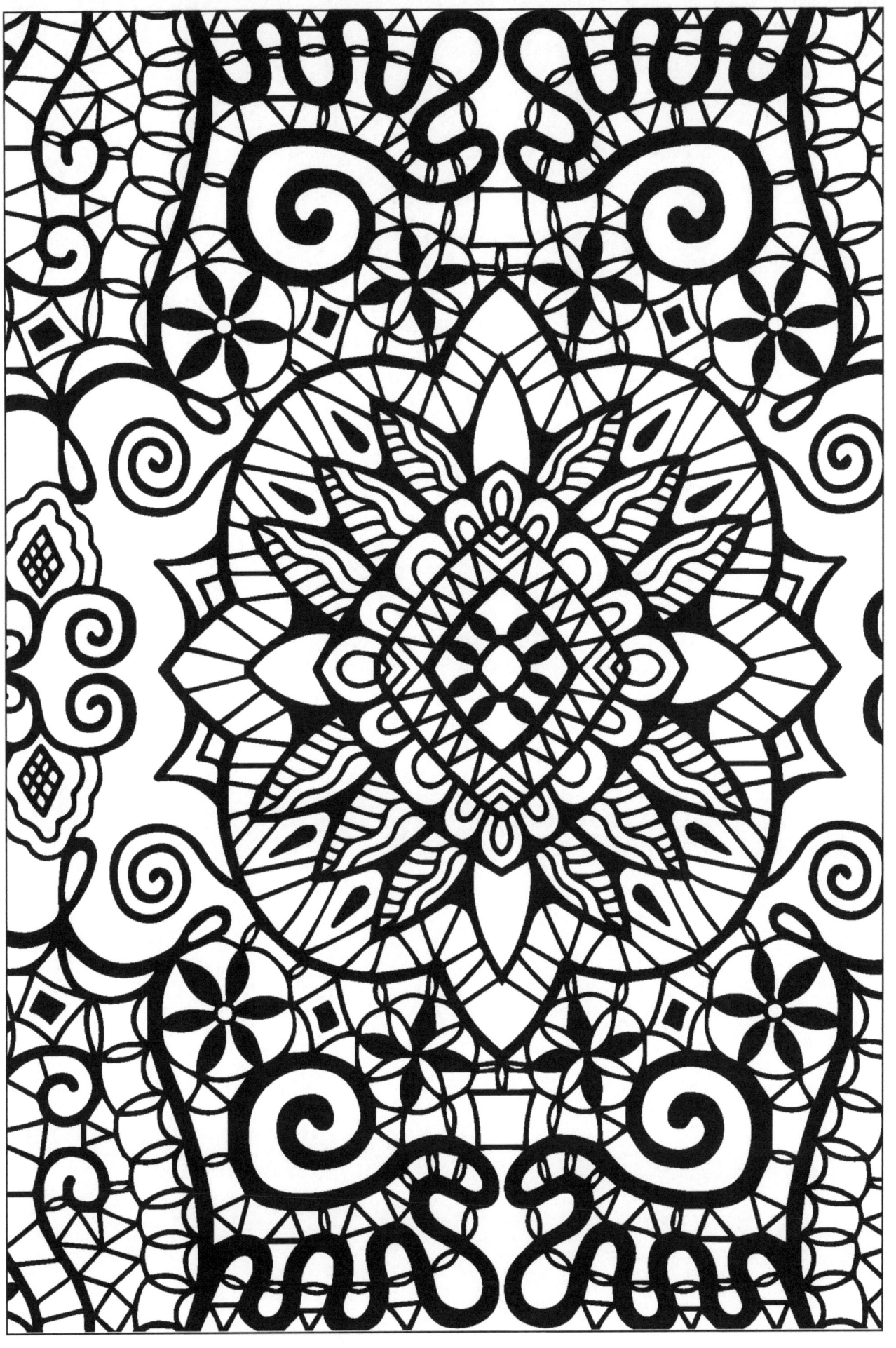

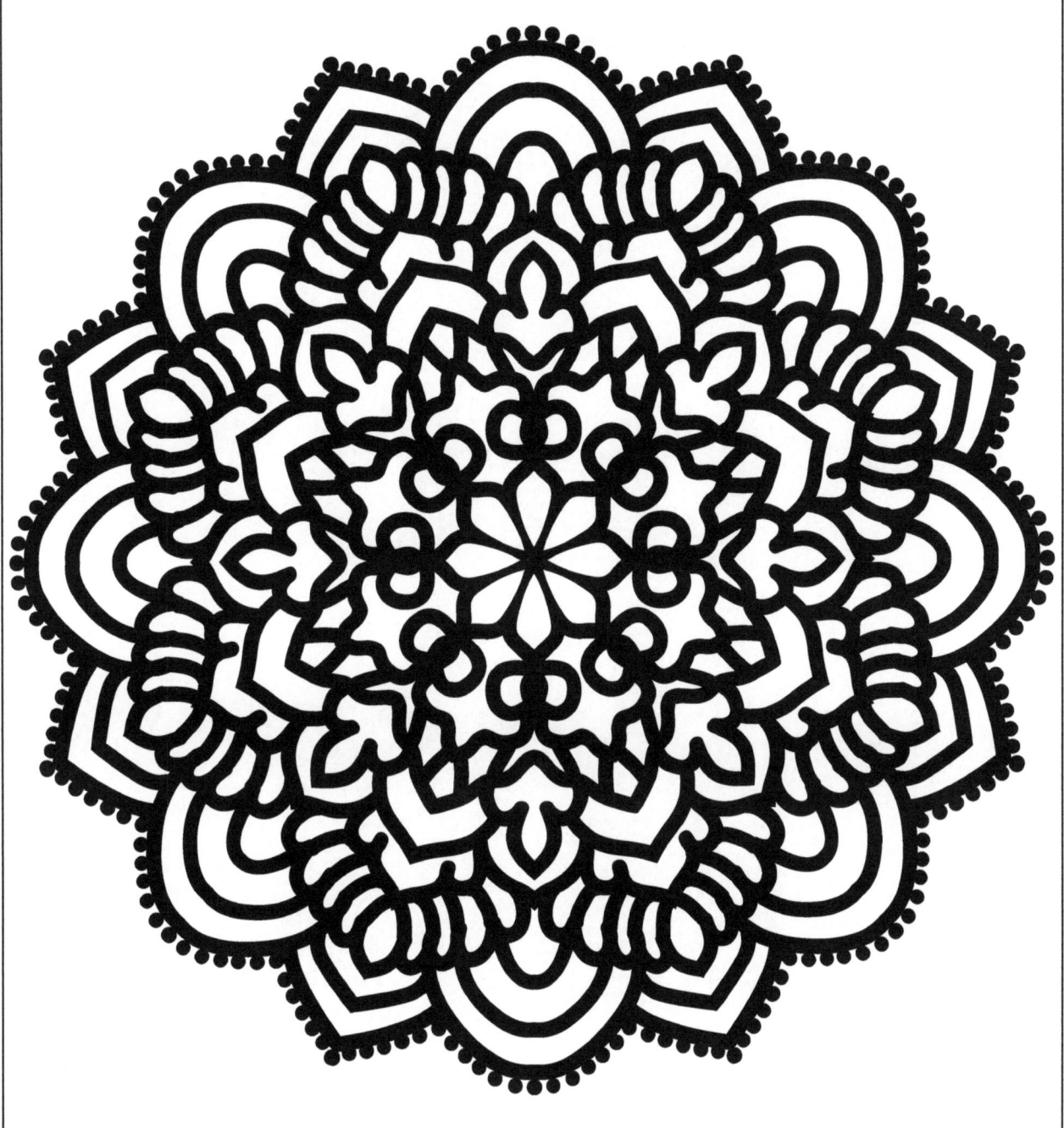

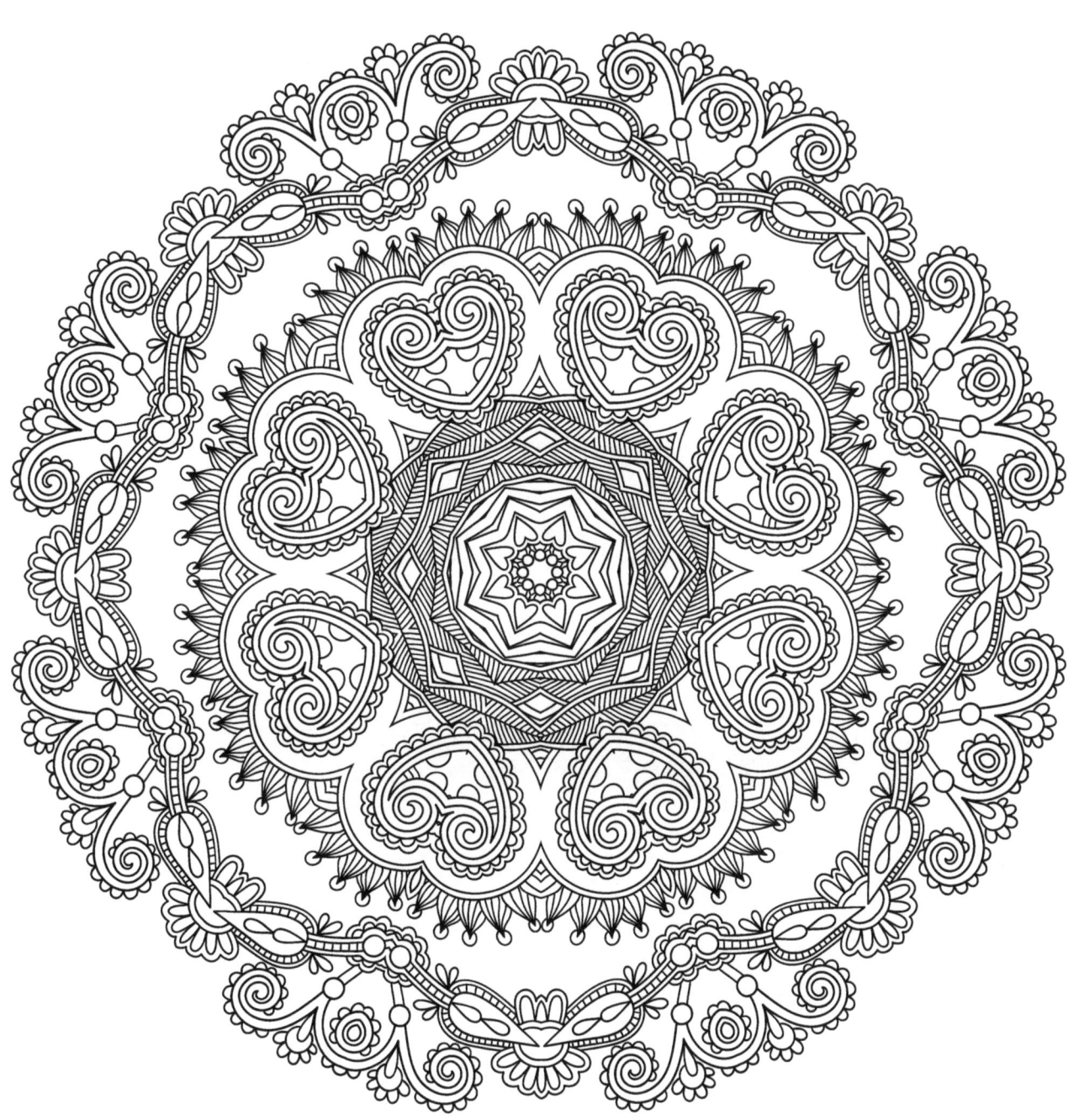

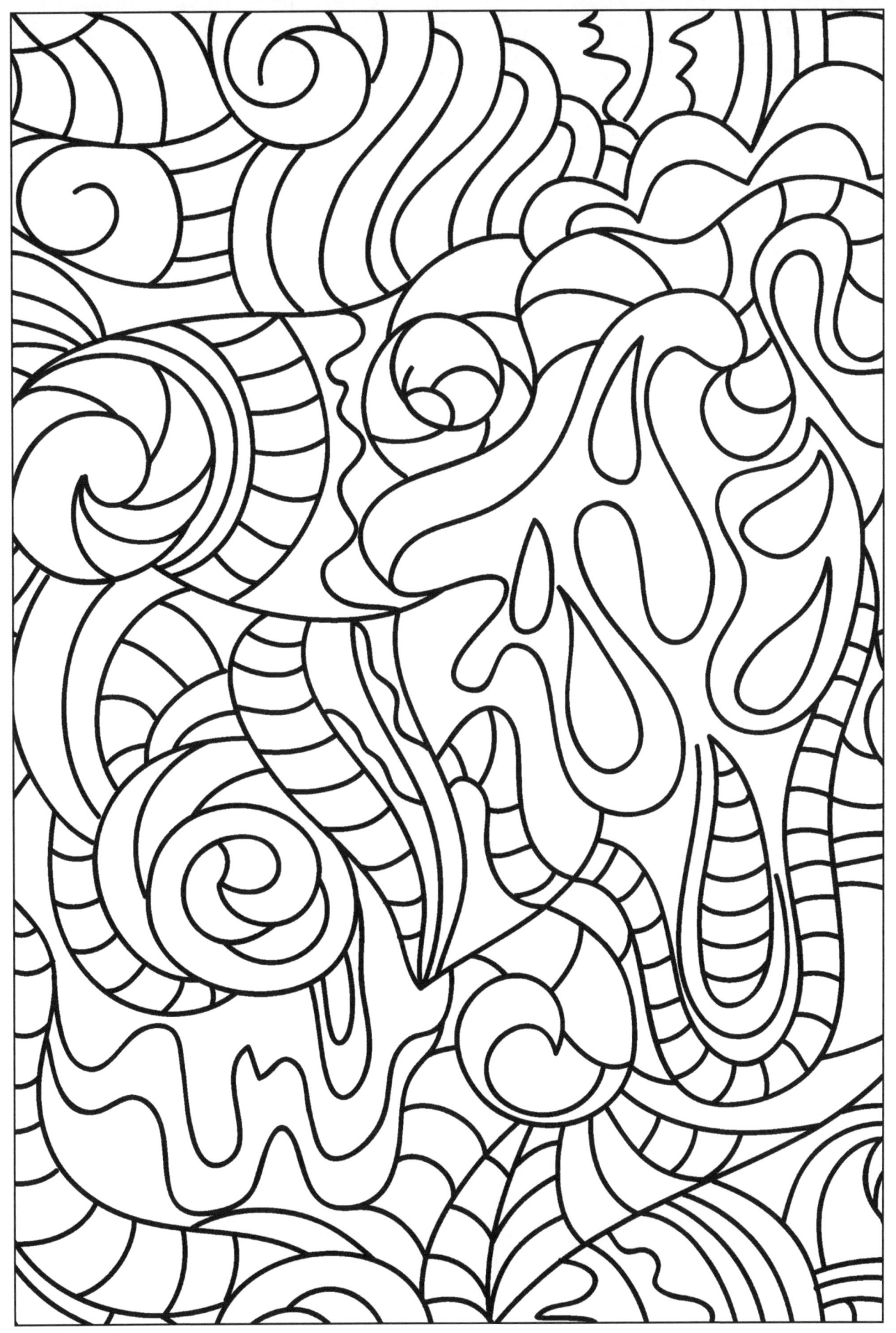

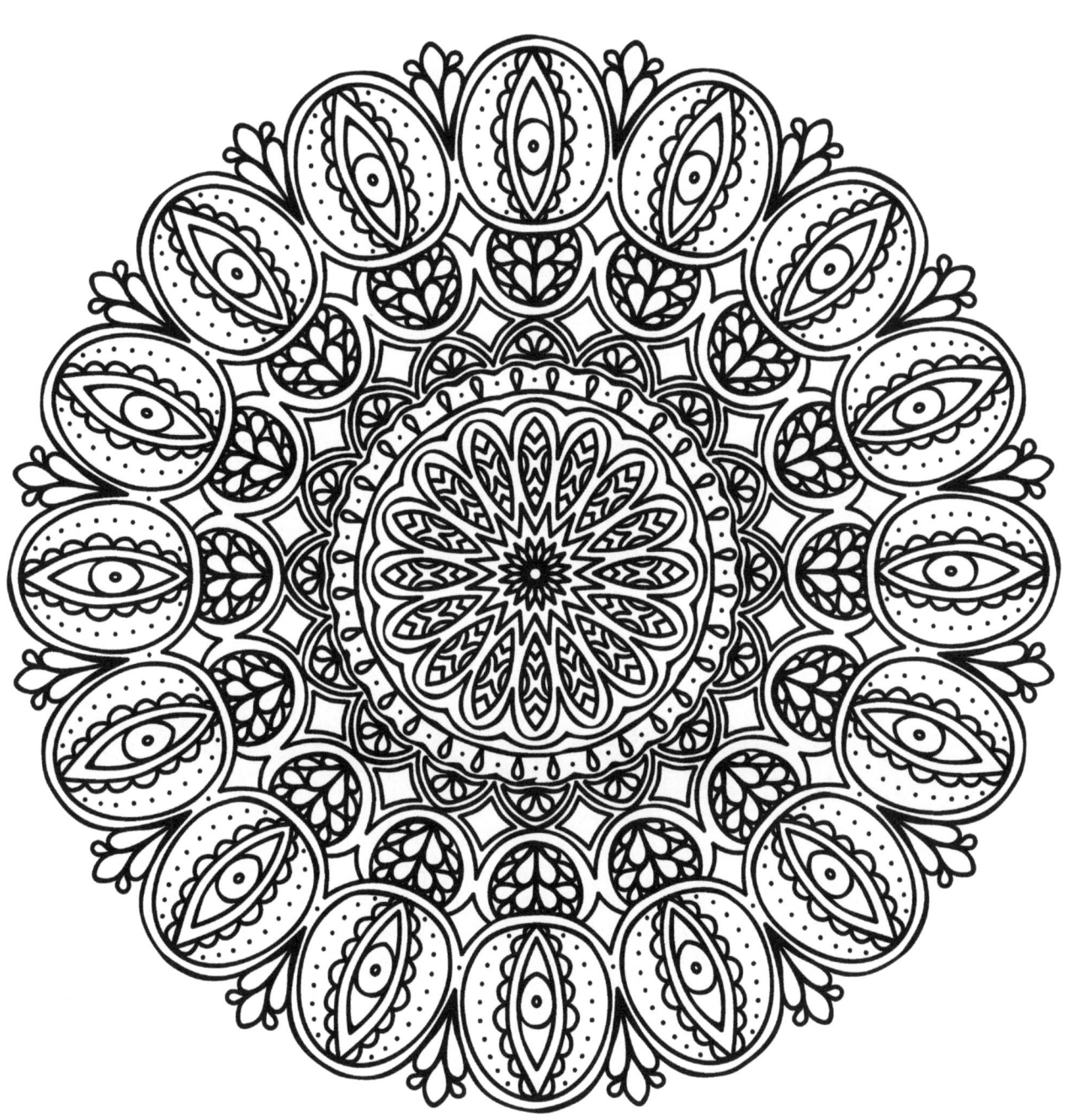

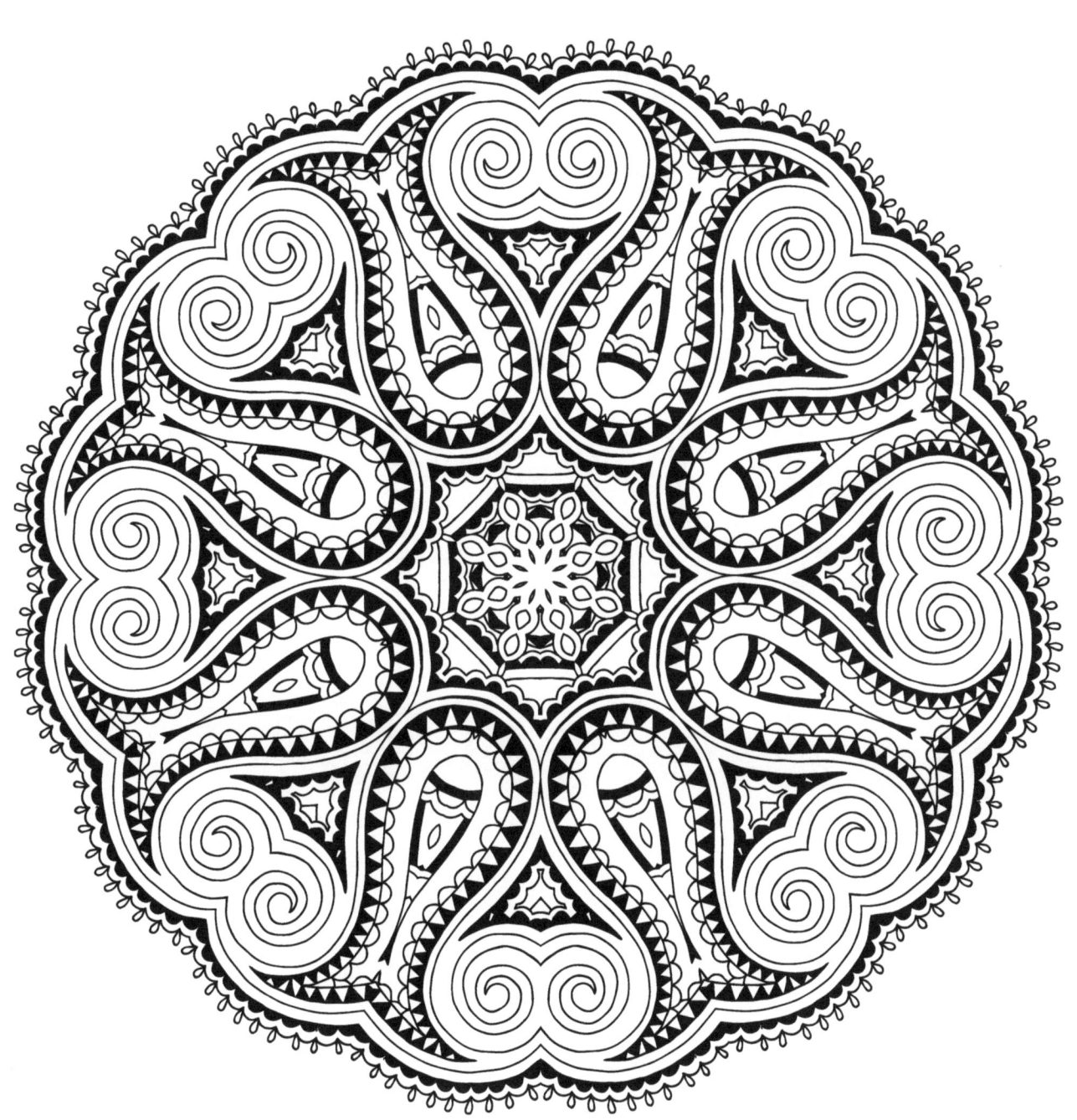

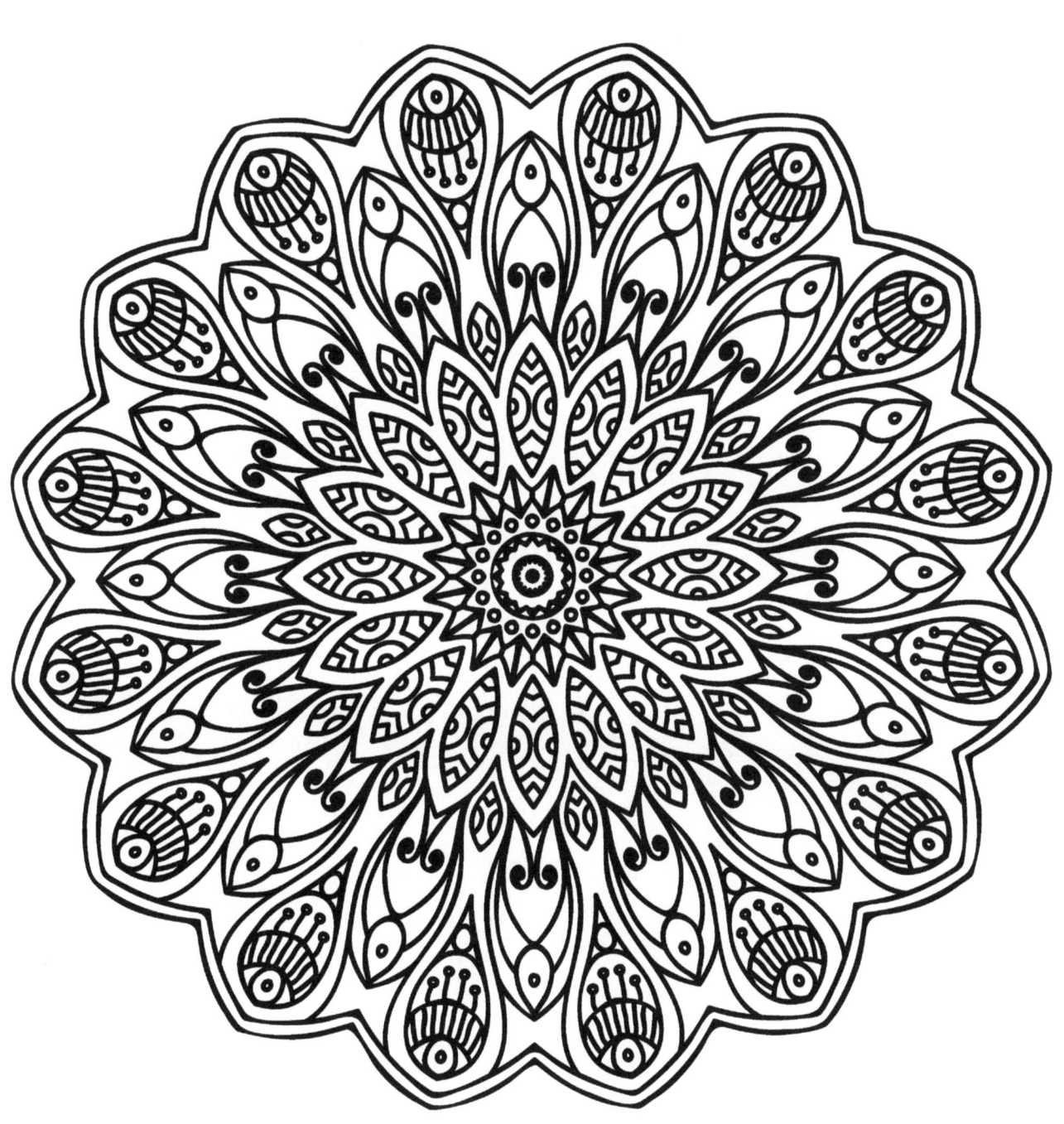

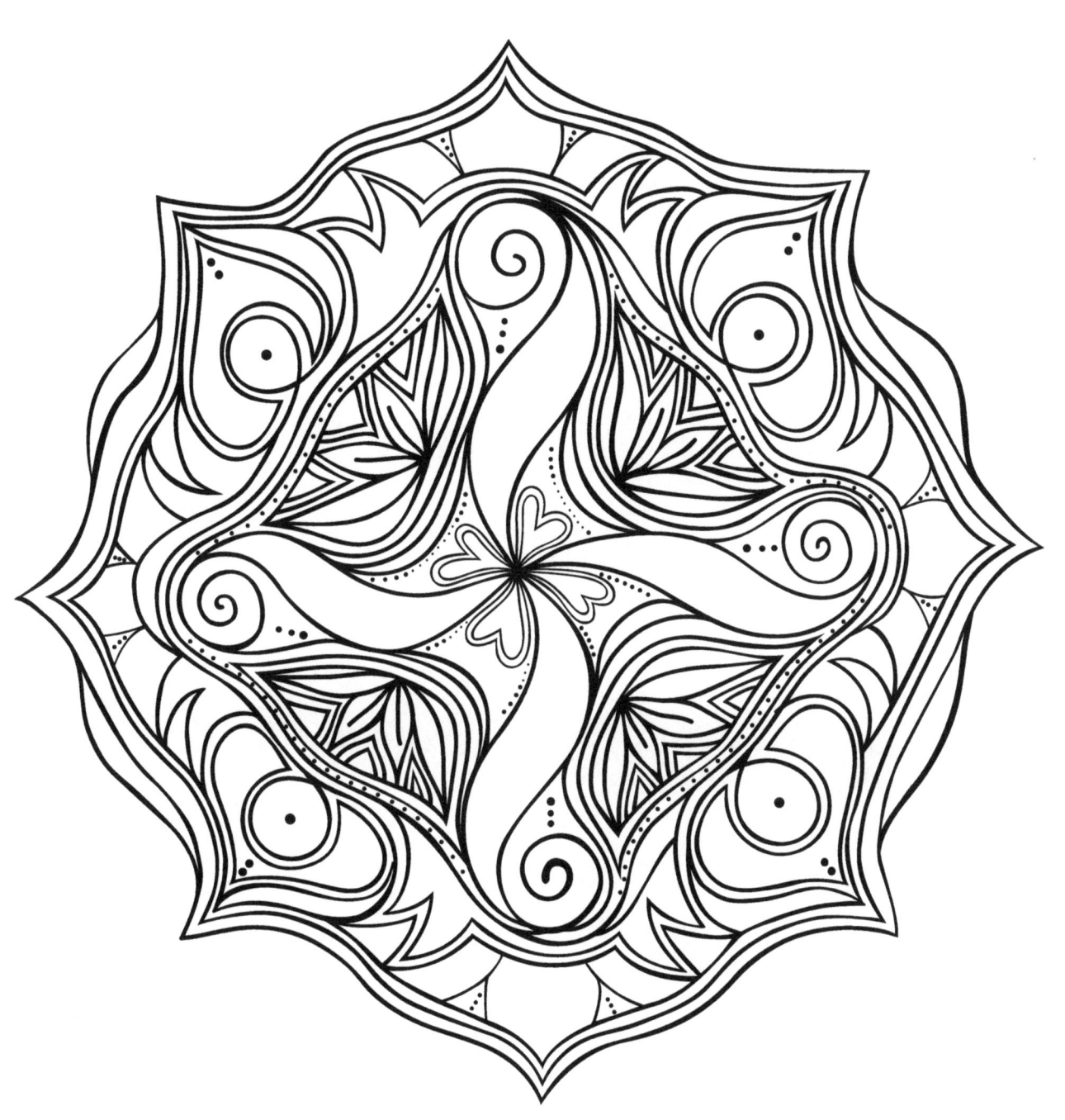

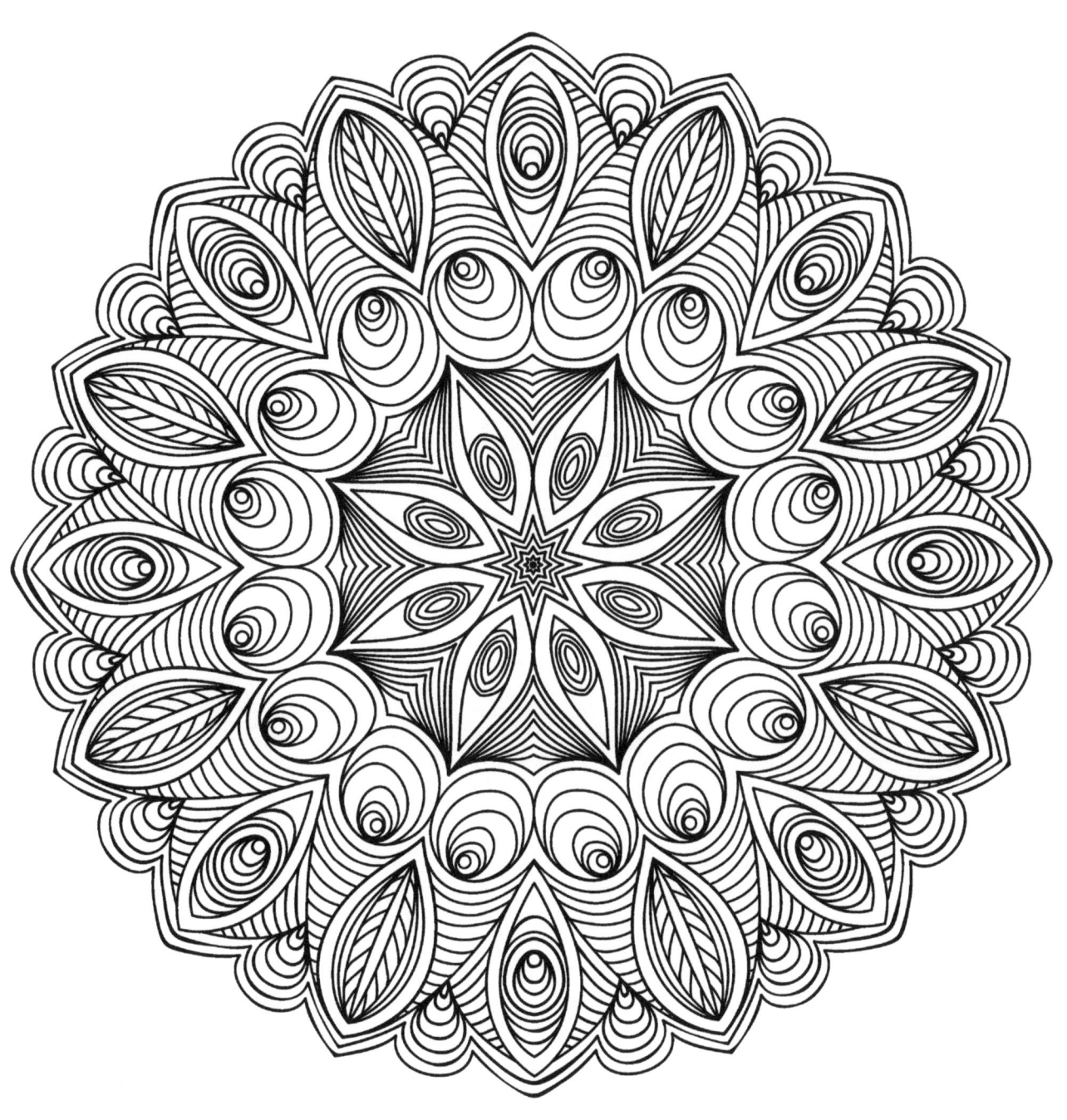

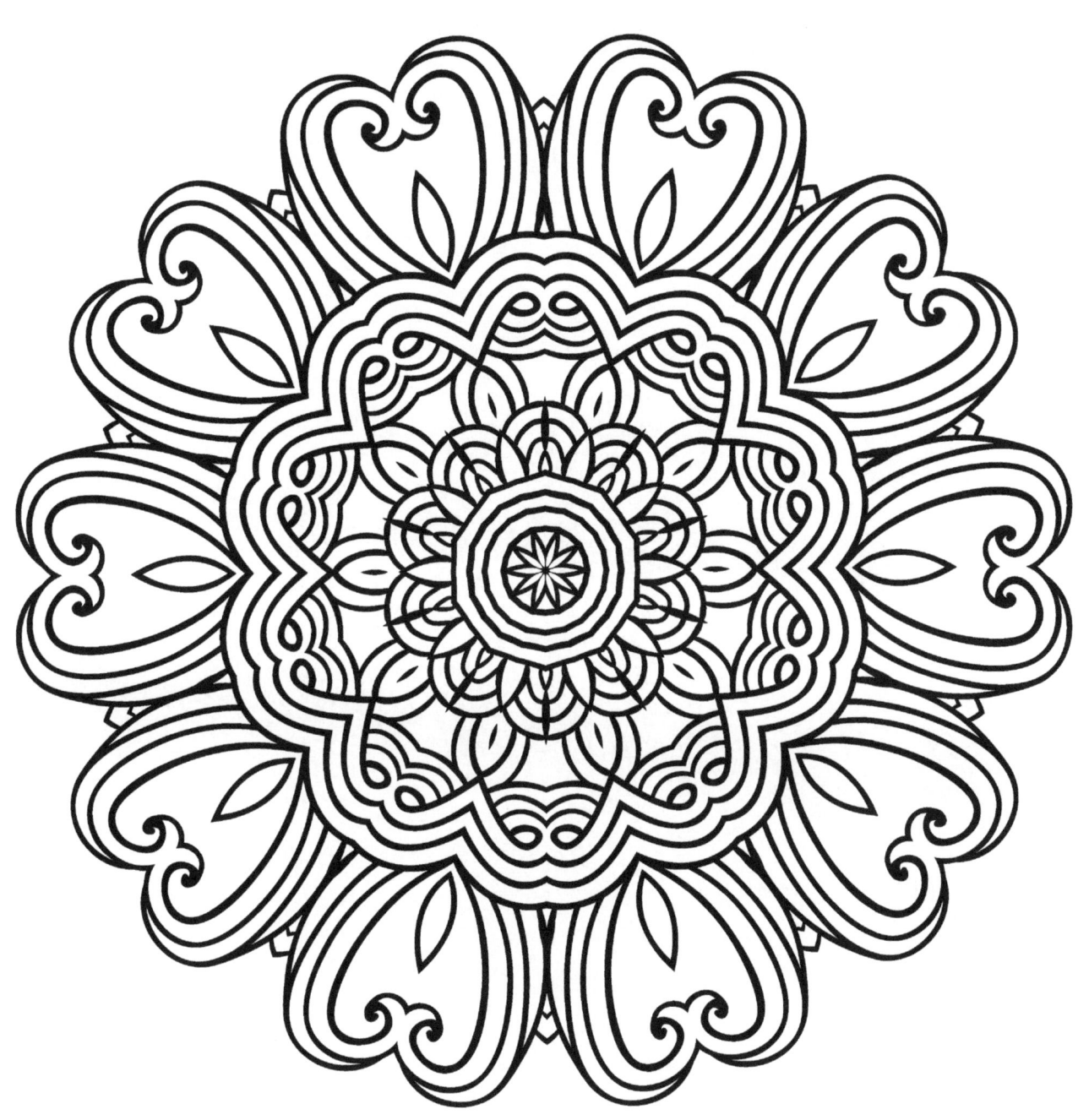

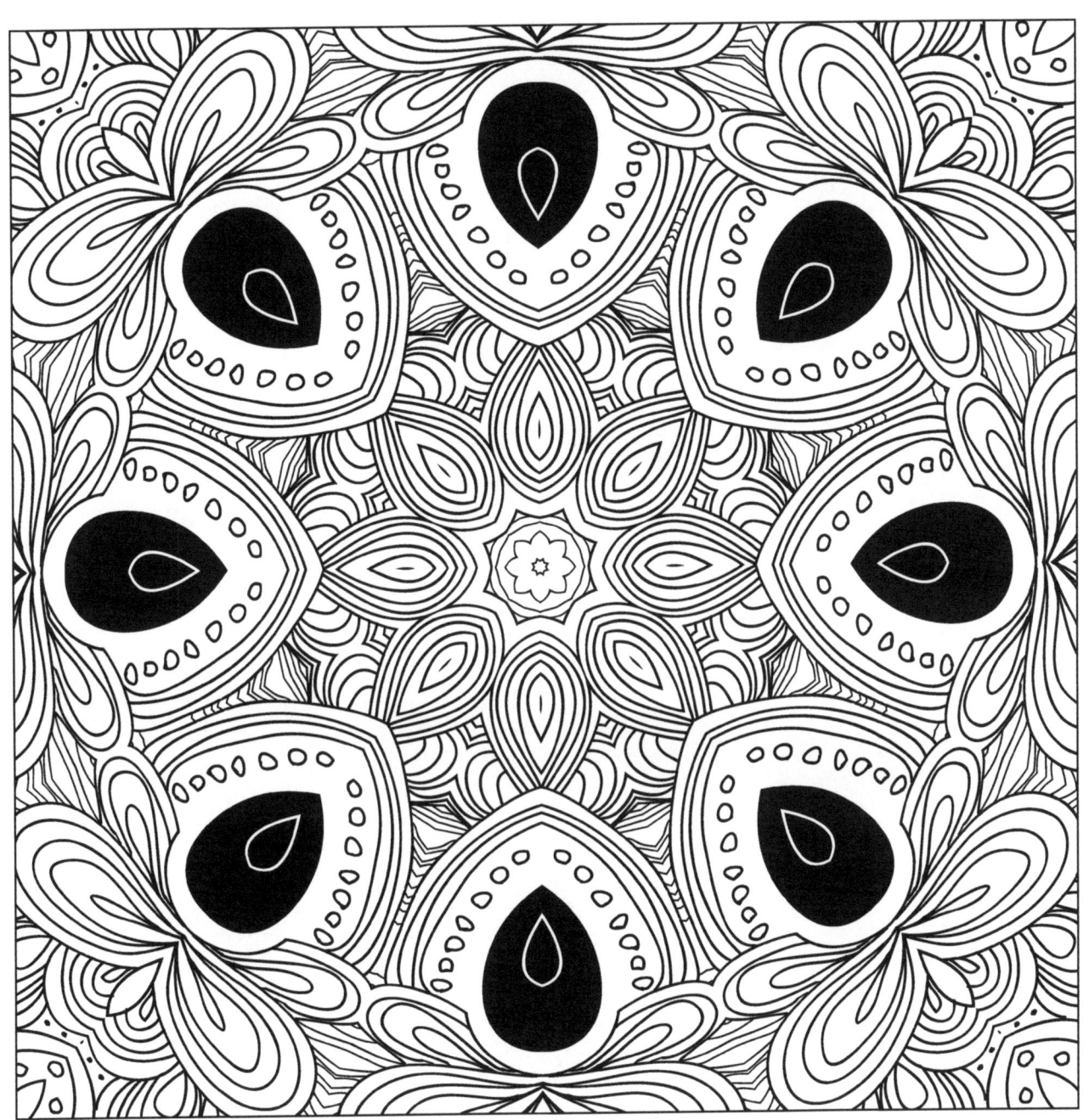

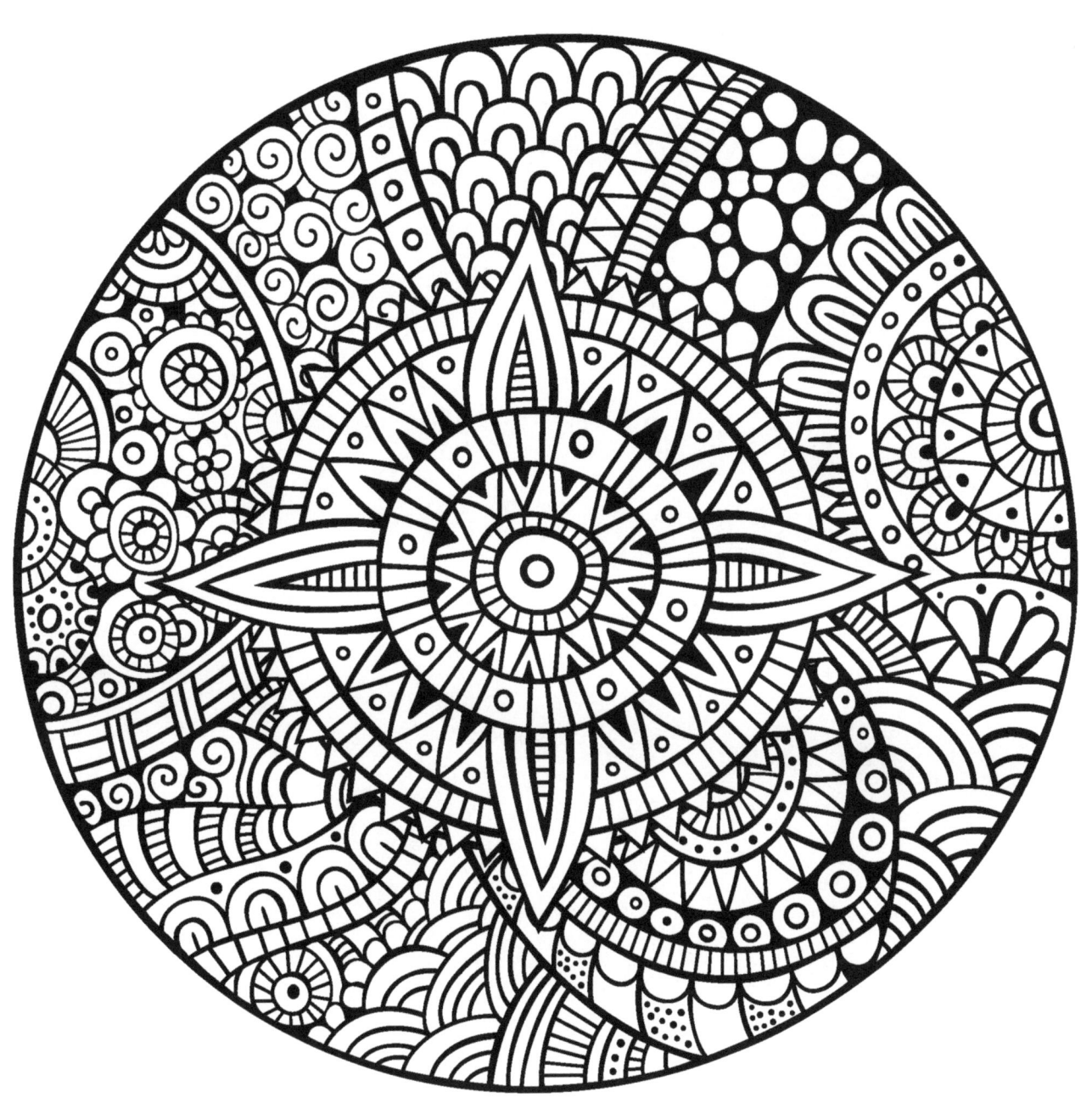

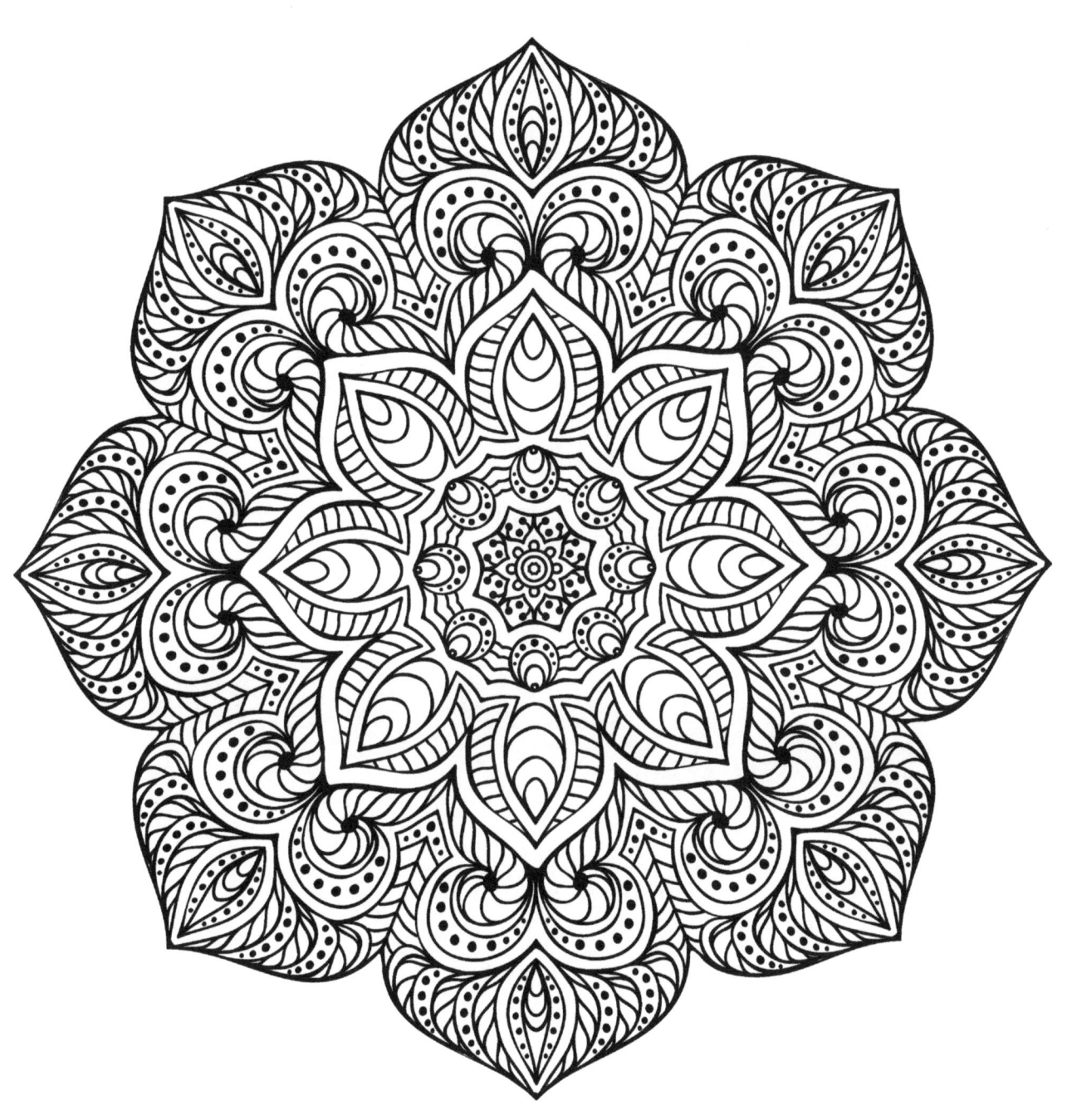

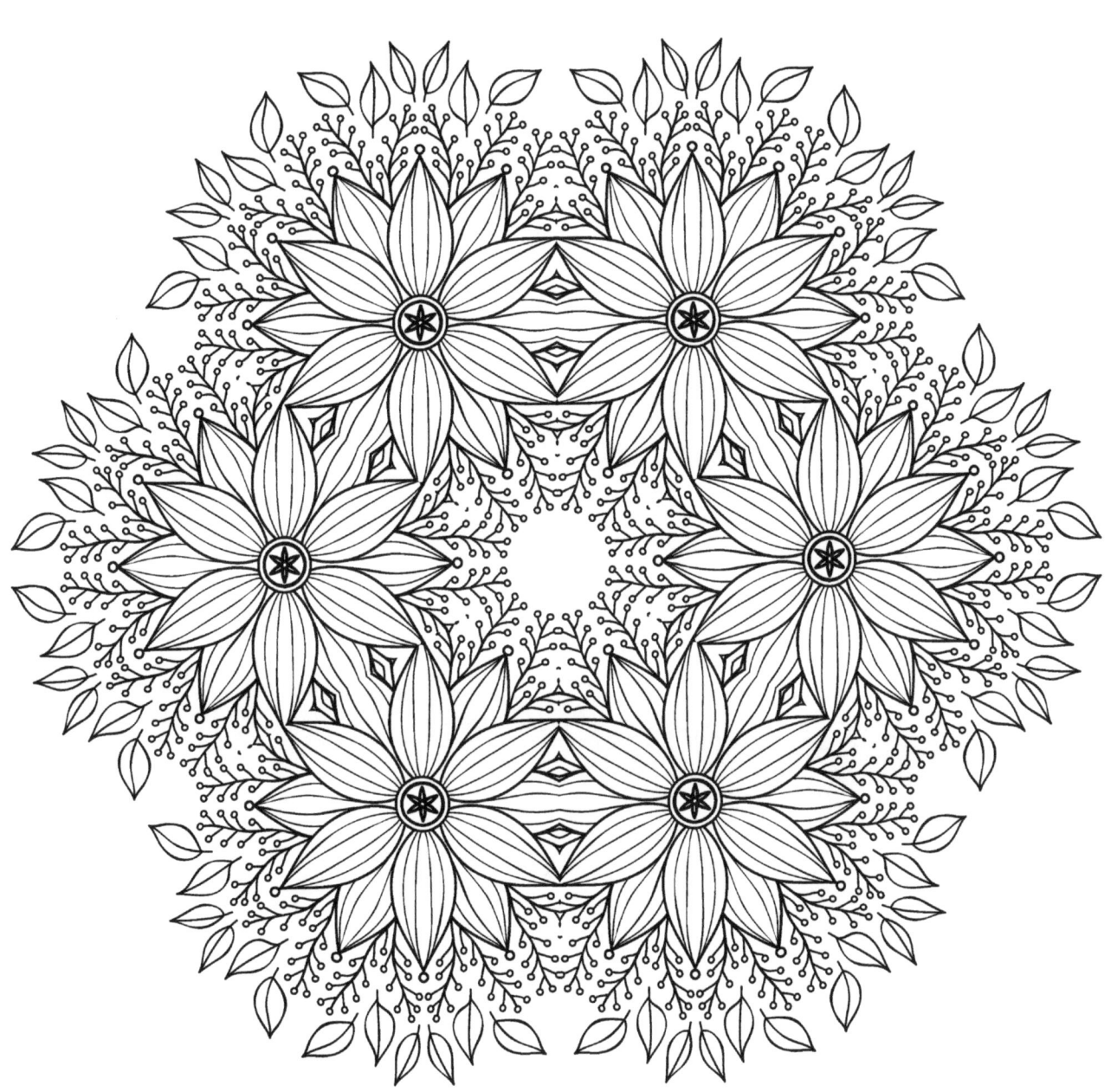

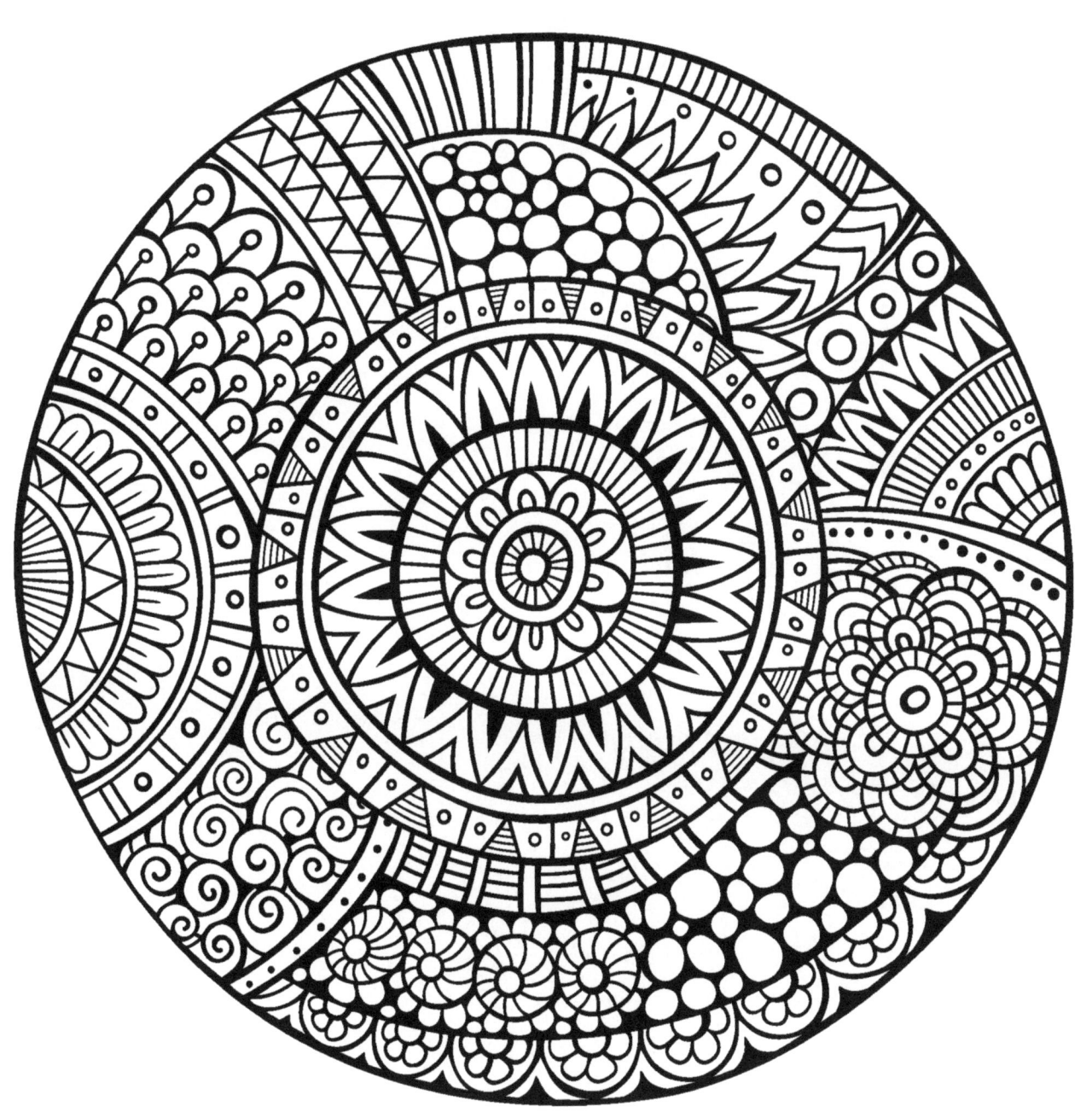

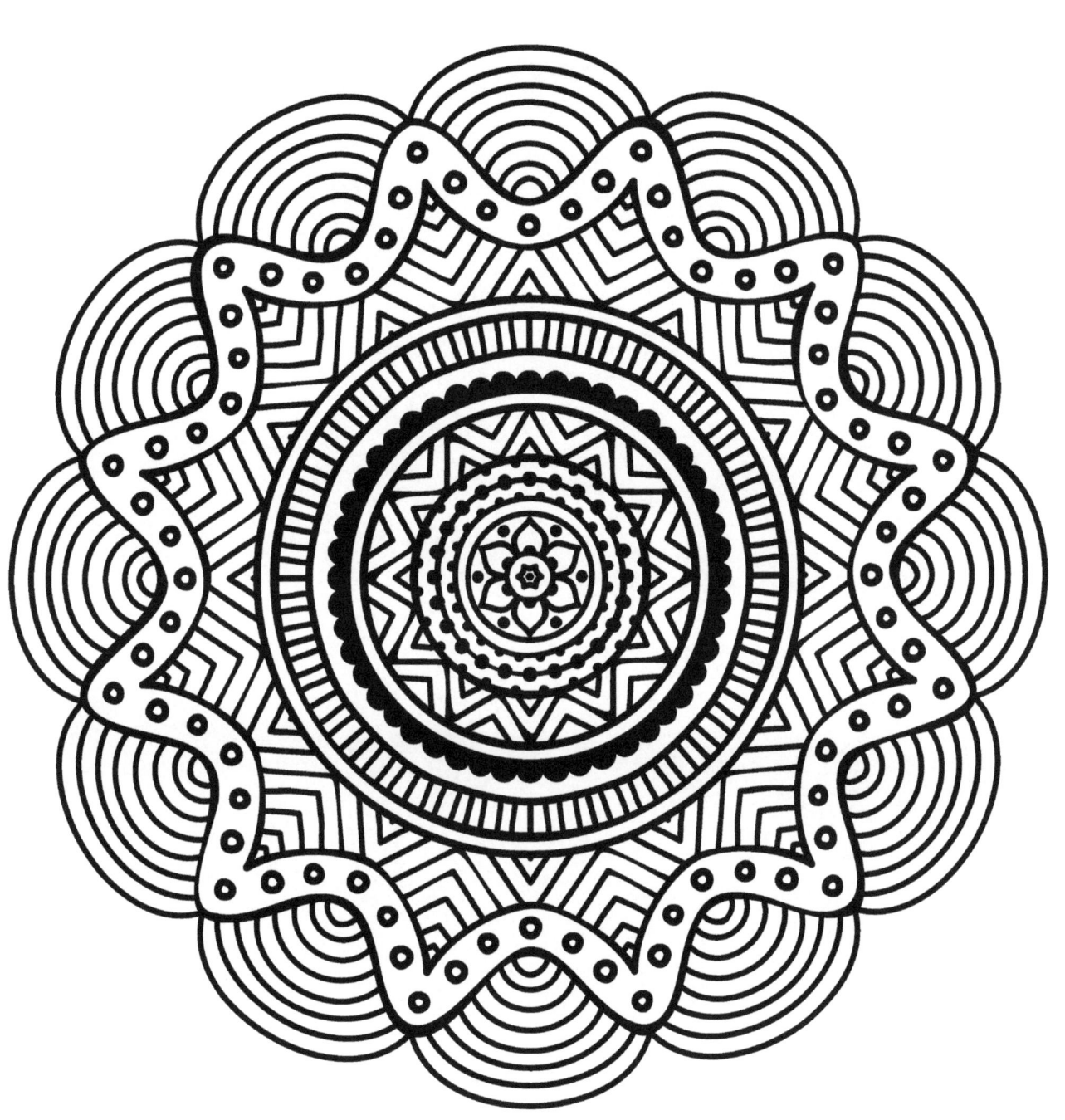